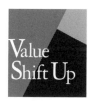

サービス経営の
バリュー・シフトアップ

サービス特性の変換による価値向上戦略

阿部川勝義 著
Katsuyoshi ABEKAWA

中央経済社

はじめに

　私たちの周りのサービスが，様変わりしようとしている。スピーカーに話しかけるだけで，その時の気分や雰囲気にピタッと合った音楽をかけてもらえる。またスピーカーが，冷蔵庫の中の食材に合ったレシピを教えてくれるし，足りない食材の発注もしてくれる。アマゾンやグーグルが販売するAIスピーカー[1]が，これを可能にしている。このような機能は，今までいわゆるメイドやお手伝いさんが担当していたサービスの一部である。

　一方ではフェイスブックが，頭に思い浮かべるだけで相手に意思を伝えることができる情報伝達技術を開発中である。「脳の活動を通じて文字を入力する『BMI』装置を開発する。」，「脳の活動を読み取り，1分間に100単語の入力を可能にする。」と述べている。このような技術によってコミュニュケーションの形態が根本的に変わるであろう。

　顧客とのコミュニュケーション能力が高い優秀なホテルマンは，顧客の"アイコンタクト"を素早く読み取り，先回りしてサービスを提供する。顧客からいつ発信されるか分からない"アイコンタクト"をいつでも受信できるように準備しておく。発信されたならば，その内容を素早く理解して行動に移す。タクシーを手配する，荷物をタクシーに積み込むといったサービスを提供する。このような優秀なホテルマンによって，いわゆるエクセレント・サービスが提供されるホテルが一流と言われている。

　ところがこのような逸材がいなくとも，「BMI」装置がもう少し進歩して脳波を素早く読み取ることができるようになれば，同種のサービスが提供されそうである。また家庭内では，AIスピーカーに話しかけなくとも，頭で思い浮かべるだけで冒頭のサービスが受けられる時がきそうである。

　一方，公共サービスの分野ではどうであろう。警察の取り調べでは，容疑者

i

に自白を迫らなくとも，容疑者の脳の反応を分析すれば高い確率で犯罪の白黒が判明される。このような情報伝達技術が発達した環境では，言論の自由もさることながら，内心の自由をいかにして守るかが社会問題化するであろう。

コトラー（2013）は，次のように述べている。「オールドエコノミーは製造業をマネジメントするという発想を土台にしていた。ニューエコノミーは情報と情報産業のマネジメントのうえに成り立っている。」

また，「顧客のニーズを感じ取り，それに応える」発想で洞察力に富んだマーケティングを推進することが必要であり，単に「作って売る」ことに慢進していてはいけない。そして，「他社を圧倒する製品・サービスを設計する」上でサービスが大切な役割を果たすことを述べている。

ニューエコノミーは，情報と情報産業のマネジメントを基調とする。そのうえで，いかにして顧客のニーズにピタッと合ったサービスを提供できるかが，製造業やサービス業といった枠を超えて必要とされる時代に突入しているのではないか。という問題提起がコトラーによってされたと言えよう。

レビット（1971）が用いたマーケティング・コンセプトの例には，"ドリルの購入者はドリルそれ自体が欲しいわけではなく，ドリルで空ける穴が欲しいのである。"がある。製造業の視点では，いかにして顧客が使いやすく機能の優れたドリルを生産するかが大切となる。サービス業の視点では，いかにして顧客のニーズに合わせて"穴を空けてあげるサービスを提供する"かが大切になる。

ドリルを購入した顧客にとって，穴を空けてしまえばドリルは当面不要となる。ドリルを収納するスペースも確保しなければならなので不便となる。このような，不便さを"ニーズの中核（コアニーズ）"として感知することが，サービスの視点では大切となる。

例えば，便利屋さんが穴空けなどの，ちょっとした日曜大工作業を代行する。このようなサービスは既におこなわれ，不便の解消につながっている。また例えば，ドリルが必要とされれば，できる限りいつでもどこでもフレキシブルに貸し出す。配送や回収も顧客の都合にできる限り合わせる，といったサービス

が登場すれば，このような不便は解消され便利に変わるであろう。

このようなコアニーズを発見することは，AIスピーカーと顧客との会話情報を，集積し分析することによって可能となるであろう。

このような新しい情報のマネジメントにより，コトラーの言う「顧客のニーズを感じ取り，それに応える」マーケティングを強力に推進することができるであろう。

すべてのモノをインターネットにつなぎコントロールする。AIやクラウドコンピューティングを核としたIoTは，私たちの周りのサービスを一変させるであろう。このような第四次産業革命に突入した現代において，サービスのマネジメントはどうあるべきであろうか。

そして，そのサービス経営はどう進化させるべきであろうか。本書はこのような疑問に少しでも答えられるものを目指した。

一口にサービス業と言っても，やたらと幅が広い。街のラーメン屋さんから，原子力発電まで同じサービス業（第三次産業）に分類される。これらを一緒に考察し，サービス経営戦略としてまとめることは至難の業である。したがって本書では，サービス特有の課題が多く含まれる産業や企業を取り上げて，共通した課題解決を提案する。

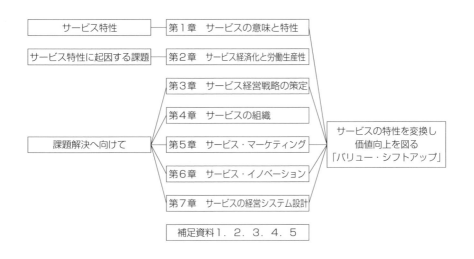

まず第1章ではサービスの特性を述べる。第2章ではサービス経済化社会における，この特性に起因する課題を取り上げる。この課題解決につながるサービス戦略・組織・マーケティングについて，第3～5章にてケースを用いて解説する。

　第5章では新たなサービスの発想と潜在サービス・ニーズの発見により，サービスの特性を変換し価値向上を図る「バリュー・シフトアップ（Value Shift Up）」を提示する。これに伴うサービス・イノベーションについて第6章で述べ，さらに第7章では「サービス経営のバリュー・シフトアップ」実践のための経営システム設計を解説した。

　なお，より理解を深めたい読者のために補足資料にて，サービスの意味や先行研究，サービス・ドミナント・ロジック，サービスの外部化，サービス・システム設計についての解説を付け加えた。

　これらが新たなサービス経営の一助となれば幸いである。

[注]

[1] 人工知能（AI）で音声に自動応答するスピーカー端末。グーグル，アマゾン，マイクロソフト，アップルが販売する。（日本経済新聞朝刊，2017.6.7「後追いアップル看板頼み」）

2018年7月

　　　　　　　　　　　　　　　　　　　　　　　　　　阿部川　勝義

サービス経営のバリュー・シフトアップ

目次
CONTENTS

はじめに

第1章
サービスの意味と特性

1 サービスの意味 …………………………………………………………… 1

    1.1 サービスの定義　*1*
    1.2 日本でのサービスの意味　*2*
    1.3 世界でのサービスの意味　*2*
    1.4 「機能」としてのサービス　*3*
    1.5 サービスの定義例　*5*

2 サービスの特性 …………………………………………………………… 5

    2.1 無形性（intangibility）　*6*
    2.2 異質性（heterogeneity）　*6*
    2.3 同時性（inseparability）　*7*
    2.4 消滅性（perishability）　*9*

第2章
サービス経済化と労働生産性

1 サービス経済化社会 …………………………………………………… 15

  1.1 第三次産業へのシフト *15*
  1.2 サービス業の労働生産性比較 *19*
  1.3 労働力供給と労働生産性 *21*

2 サービス業の特質と労働生産性 ……… *22*

  2.1 サービス業の特質 *22*
  2.2 サービス業における労働生産性の阻害要因 *24*
  2.3 サービス業における労働生産性の格差 *30*
  2.4 サービス業の低労働生産性の問題点 *30*
  2.5 サービス業の生産性向上策 *32*

第3章
サービス経営戦略の策定

1 経営の設計図 ……… *37*

  1.1 経営戦略は基本設計図 *37*
  1.2 経営環境分析 *38*
  1.3 外部・内部環境との整合性 *40*
  1.4 経営戦略策定のプロセス *43*

2 経営理念と経営戦略 ……… *43*

  2.1 経営理念の策定 *43*
  2.2 ケース：TOSEI *47*
  2.3 事業戦略と競争戦略の明確化 *48*
  2.4 ケース：コマツ *52*
  2.5 機能別戦略 *54*

目 次

第4章
サービスの組織

1 サービスの人と組織 …………………………………………………… 57

   1.1 経営資源としての人と組織の強み　57
   1.2 チェンジ・マネジメント　59
   1.3 サービス・プロフィットチェーン　60
   1.4 エンパワーメント　63

2 サービスにおける組織のケース：星野リゾート …………………… 64

   2.1 顧客と社員の両方をもてなすプロ　65
   2.2 自律的組織行動による活性化システム　75

第5章
サービス・マーケティング

1 商品購入の目的とニーズ ……………………………………………… 77

   1.1 商品と機能　77
   1.2 サービス・ニーズの発見　79
   1.3 ニーズの探索　81

2 バリュー・シフトアップおよび市場との整合性 …………………… 85

   2.1 サービス特性からの潜在サービス・ニーズの発見　85
   2.2 アウトプットと潜在サービス・ニーズ　94
   2.3 顕在サービス・シーズと潜在サービス・シーズ　96
   2.4 ４P分析による市場との整合性の分析　97

第6章

サービス・イノベーション

1 サービス・イノベーションの潮流 ……………………………………… 101

    1.1 イノベーションの意味　*101*
    1.2 サービス・イノベーションの新技術と新市場　*102*

2 サービス・イノベーションの経営 ……………………………………… 104

    2.1 ネットワーク経営の力　*104*
    2.2 ケース：ヤマト運輸　*104*
    2.3 プラットフォーム経営の力　*106*
    2.4 ケース：コマツ2　*107*
    2.5 ケース：セコム　*107*

第7章

サービスの経営システム設計

1 ワークデザイン法の目的展開法 ………………………………………… 111

    1.1 ワークデザイン法　*111*
    1.2 目的の明確化　*112*
    1.3 目的展開法　*112*
    1.4 目的表現の手段と目的の関係　*114*

2 ワークデザイン法のシステム設計 ……………………………………… 115

    2.1 システム設計の手順　*115*
    2.2 理想システム設計の手順　*118*

3 経営システム設計の概説 ………………………………………… 119

- **3.1** 経営システム設計のインプット・アウトプット・システム　*119*
- **3.2** ヒト・モノ・情報へのサービス　*120*
- **3.3** 経営システムのサービスのマネジメント・システムとサービス提供システム　*121*
- **3.4** 経営システムと外部環境・内部環境との整合性　*122*
- **3.5** 経営理念（目的）と経営システム設計　*123*

4 経営システム設計におけるサービスのマネジメント・システム ……………………………………… 123

- **4.1** マネジメント・システムの設計　*123*
- **4.2** サービスのマネジメント・システムの設計　*123*
- **4.3** 経営システム設計におけるアウトプットとインプット（事業目的と付加価値生産）　*125*

5 経営システム設計におけるサービス提供システム ……………… 133

- **5.1** サービス提供システム設計の手順　*133*
- **5.2** サービス提供システム設計と経営システム設計の全体設計図　*135*

補足資料 1　サービスの意味 ………………………………………… 139

- **1** 語源にみるサービスの意味　*139*
- **2** サービスの類義語としてホスピタリティー　*139*
  - **2.1** 日本におけるホスピタリティーの意味　*140*
  - **2.2** 語源にみるホスピタリティーの意味　*140*
  - **2.3** ホスピタリティーの現代解釈　*141*
  - **2.4** サービスとホスピタリティーの比較　*141*

補足資料2	サービスの先行研究と定義について ················ 142

   1 サービスとは何か *142*
      1.1 経済学的なサービスの定義 *142*
   2 サービスの新定義 *146*

補足資料3	サービス・ドミナント・ロジック ···················· 147

   1 サービス・ドミナント・ロジックにおける価値共創 *147*
   2 サービス・ドミナント・ロジックにおける基本的前提 *148*

補足資料4	サービスの外部化 ································· 150

   1 サービスの外部化の進展 *150*
      1.1 サービスの市場化 *150*
      1.2 サービスの外部化とレストランの例 *151*
      1.3 外部化の合理性 *153*
   2 サービスの外部化と労働生産性との関係 *158*

補足資料5	サービス・システム設計 ·························· 160

おわりに

参考・引用文献 *167*
索引 *175*

第 1 章
サービスの意味と特性

1 サービスの意味

1.1 サービスの定義

　初めに「サービスとは何か」について述べたい。サービスは研究者によって多様な研究がされてきた。ところが今日でもコンセンサスが得られる確定した定義が無いというのが共通した理解である。

　サービスは経済学や経営学のみならず，様々な分野で，様々な角度から研究されてきた。また，サービスの概念は広範囲におよぶ。したがって，総合的にあてはまる定義を決めることが困難となっている。その意味では混沌としている状況ではあるが，研究が進んでいる分野でもある。

　本書では，サービスを広義に捉え，次のように定義したい。

> サービスとは，ヒト・モノ・情報による付加価値生産を目的とした有用な変換機能 [1]

　さて，いきなり「サービスはこうである。」と新しい定義を持ちだされても，なかなかしっくりこないであろう。その理由は，日常一般的に用いられる"サービスという言葉"と異なるからではないだろうか。そこで，いったん定義はわきに置き，次項ではサービスの概念を様々な角度から考察する。

1.2 日本でのサービスの意味

まず国内で，一般的に用いられている"サービスという言葉"の意味を紹介する。『小学館国語大辞典』(1981)の「サービス（英service）」には，次のように書かれている。

① モノを生産しないが，その運搬・配給をおこなったり，金融・通信・教育・医務などの，形をとらない（無形）で，生産や消費に必要な役務を提供したりすること。交通業，商業，公務，自由業などに分けられる。
② 客に対する接し方。また，商売として客に奉仕すること。『サービスのよい店』
③ 個人的に，他の人のためにいろいろと尽くすこと。『家庭サービス』
④ 商売で，値段をひいたりおまけをつけたりして，客に利益を与えること。『モーニングサービス』『サービス品』
⑤ サーブ。(バレーボール，テニス，卓球などで，攻撃側から相手側コートにボールを打ち込むこと。また，そのボール)」

まず，①は経済学用語を分かりやすくした意味である。しかし，日常よく使われるサービスの意味は，②③④であろう。これらには「奉仕」や「貢献」といった意味が含まれている。つまり，サービスを提供する側が，提供される側に「奉仕」や「貢献」するといった意味である。例えば，「これはサービスです」と言うのは「無料」の意味である。「サービス品」と「御奉仕品」は同じ意味である。「値引き」「ディスカウント」の意味である。

また，①にある「役務」や「公務」は，人々の役に立つ仕事といった「奉仕」や「貢献」の意味がある。

1.3 世界でのサービスの意味

では，世界で英語圏を中心として一般的に用いられているサービスの意味は

どうであろうか。服部（2004）は，サービスの現代における解釈を次のように示している。

① 召使の地位（仕事，義務），奉公，雇用
② （特に公務員の）勤務，任務，（官庁などの）部門
③ （陸，海，空軍の）軍務，兵役
④ 神に仕えること，礼拝
⑤ 尽力，世話，貢献，社会奉仕
⑥ 役立つこと，有用，利益，援助
⑦ （ホテル，レストランなどでの）給仕，客あしらい
⑧ （郵便，電信，電話，交通などの）公益事業，施設，運転
⑨ （販売後それについて与えられる）修理，サービス
⑩ （病院の）専門医療班
⑪ 敬意
⑫ （法律）送達，執行
⑬ （スポーツ／テニスなど）サービス，サーブすること

サービスは外来語だが，一般的に広く使用されているので，日本語にほとんど同化している。けれども，⑦⑨以外は，日本人にとってなじみが薄いのではないだろうか。

1.4 「機能」としてのサービス

服部（2004）によると，エトリアル語（Etruscan）から発生したサービス（Service）は派生し，現在では「有用」，「役に立つ」などの語意をもつようになったと述べている。

この現代の語意において，浅井・清水（1986）は，「サービスの機能，ベネフィットおよび効用の関係について」で，「機能」としてのサービスを取り上げ，次のように述べている。

サービスに関係する当事者は，それぞれがもつ有形・無形の資源を交換する。しかし，ここで交換されるのは，資源そのものではなく，資源のもつ能力すなわち機能である。

　サービス特性の一つは，交換に際して『所有権』の移転を伴わないことである。ホテルの利用者（顧客）は，ホテルの提供する宿泊その他の機能を購入するのであって，ホテルそのものを購入するわけではない。従業員のサービスにしても，顧客は従業員を人身売買の対象と考えるわけではない。

　モノの売買においても，その現代的な交換方式として各種のレンタル，リースが発展しているが，これはモノの売買からサービスの売買へ，物品販売ないし流通業がサービス業に転換してゆく傾向をあらわしている。

　売り手が提供するサービス機能の購入に対する代償として，顧客は料金を支払う。代金は通常貨幣で支払われ，これは貨幣の所有権移転ではあるが，それは形式上の問題で実は貨幣のもつ機能である購買力が移転するのである。

　ホテルサービスでは，宿泊，食事（宴会），観光，ビジネス，レジャーなどの機能が生ずるが，なおこのほかにも，種々様々な潜在的機能が考えられる。ホテル経営者は，これらの顕在的・潜在的機能のなかから，対象とする顧客のニーズに適応し，さらに競争面や自らの経営諸資源とのにらみで特定の機能を選んで組み合せる。ターゲット顧客のニーズからみて，不適切と思われる機能は切り捨てられるだろう。

　ここでは，所有権の移転を伴わない機能としてサービスが，交換の対象となり，売買されることを示している。すなわち，有用で役に立つ，機能としてサービスは市場価値を持つ。そして市場では，サービスがモノとは異なる交換の対象であることを示している。

1.5 サービスの定義例

　田中・野村（2008）は，この世の中に存在する利用可能な諸資源を「人」「物」「システム」の3つに分類している。そして，「システム」とは，言語，数式，情報，ノウハウなどの抽象的に把握されるシステムのすべてを指すとしている。

　そのうえで，サービスとは，「人」「物」「システム」がその機能を働かせ，有用性を発揮することを指す，高度に抽象化された概念であると述べ，「『サービス』とは利用可能な諸資源が有用な機能を果たすその働き」と定義している。すなわち，「人」「物」「システム」が，「有用な働き」をして「使用価値を実現する過程」をサービスと定義しているのである。田中・野村（2008）の定義では，「生産活動における利用可能な諸資源である人，物，システムが使用価値を発揮する機能は，すべてサービスである。」となる。広義の解釈ではあるものの，核心的であり非常に有効であると考えられる。

2　サービスの特性

　サービスの特性（以下，サービス特性）は，経済活動でのモノとサービスの相違という視点から様々な整理がされている。現在でも研究者により様々な学説が紹介されている。ここでは，基本的な次の4つの特性を挙げることにする。

サービス特性（IHIP）
① 無形性（intangibility）……モノのように見たり触ったりできない。
② 異質性（heterogeneity）……サービスの品質に差が生じやすい。
③ 同時性（inseparability）……サービスの生産と消費が同時。
④ 消滅性（perishability）……在庫ができない。

　これらの4つの特性について，もう少し詳しく紹介していこう。

2.1 無形性（intangibility）

　無形性は，モノとサービスを区別する特性である。サービスは機能なので，モノのように見たり触ったりできない。形のあるモノと区別される。それはサービスが無形であり一過的であるからである。

　進行中の直接的なサービスのシーンは見ることができる。例えば，清掃員がビルを"清掃"しているシーンは，ビル・メンテナンスの"清掃"というサービスが提供されていると簡単にわかる。しかし，見えるのは清掃員や清掃器具であり，"清掃"というサービスの機能そのものを見ることはできない。

　また，そのビルに掛けられている火災保険が，火災が発生したときのビルの損害を補償しているといった抽象的なサービスについては，そのシーンも"保険"というサービスの機能も見ることはできない。

　次に無形性には，サービスがモノと異なり，事前に認識できないという特性が含まれる。モノについては，顧客が見て触って認識してから買うといった経済取引がおこなわれるが，サービスではそれができない。したがって無形性は，顧客にたいしてのサービスの訴求を難しくさせる。例えばビル・メンテナンスで，サービス提供者が顧客に「"キレイ"に清掃します！」と宣言しても，清掃を完了するまで"キレイ"（美しさ・清潔さ）を完全に認識してもらうことができない。

　そこでサービス提供者は事前に"キレイ"の基準を示し，サービス内容を明確にする必要がある。無形なサービスの経済取引には，このような曖昧さの排除が求められることが多い。

　顧客があるサービスを初めて提供してもらおうとするとき，不安感や不信感を覚えることがあるだろう。この顧客が抱く不安感や不信感を事前に取り除くことは，サービスの他の特性とも関連する課題である。

2.2 異質性（heterogeneity）

　サービスを提供する人や場所，またサービスを提供される顧客の環境や心理

状態により，サービスの効果や顧客の反応が異なる。例えばマッサージ店では，マッサージ師の上手い下手によってサービスの品質に差が生じる。またそのサービスを提供される顧客の環境や心理状態よっても，サービスの効果や反応に差が生じるという特性である。

ただしサービスが直接的に人によっておこなわれないときには，これがあてはまらない場合がある。例えば演奏会で音楽を観客に聞かせるとき，演奏者の状況によって演奏というサービスに差が生じることがある。これに対してiPadなどを用いて機械的に演奏を聞かせるサービスでは品質にあまり差が生じないと言えよう。

2.3　同時性（inseparability）

サービスの生産と消費が双方向的に，時間的・空間的に同時に発生するという特性である。

2.3.1　時間・空間の特定性

サービスは，必ず時間と空間に特定される。サービスが存立するには，サービスを提供する側とサービスを受ける側とが，特定の時間と空間において出合っていなければならない。したがって，時間と空間の特定が不可欠である。

例えばマッサージは，マッサージ師が施術する時間と，店もしくは出張する場所といった空間に特定される。レストランでは，提供されるサービスが，店舗という空間で，顧客の来店から退店までの時間に特定される。また，これは顧客に対し，その特定された時間に空間を提供していると言えよう。

2.3.2　非自存性

サービスは，それ自身だけでは存在できない。サービスを提供する主体と，サービスを提供される客体の両者が存在しないとサービスが存立しない。サービスは，主体から客体への働きかけであり機能の発揮である。本質的に主体・客体という両者に依存している。

これに対しモノは，それ自身だけで存在できる。しかしながら，少なくとも役に立つモノは役に立つ機能を内包していなければならい。すなわち有用なモノは，有用な機能であるサービスを内包していなければならない。結局，有用なモノもサービスを提供するために存在する。

したがって，有用なモノがその機能を発揮するとき，すなわちサービスを提供するときには，本質的に主体・客体という両者に依存する。

2.3.3 生産・販売・消費の同時進行性

「生産・販売・消費の同時進行性」とは，ある一定の時間のみに存立し，終了時には消滅するサービス特性である。したがって，サービスは一回の授受のみで消滅する。これは生産・販売・消費が同時に進行するためである。サービスは「そのとき，その場限りの商品」であり，転売出来ない。これに比較して，モノは，使用前後でも転売できるケースが多い。サービスの結果は，サービス対象のモノの変化として残る。例えば，清掃サービスの結果は，ビルの"キレイ"（美しさ・清潔さ）として残る。しかし，サービス自体は，機能であり生産・販売・消費が同時に進行する一過性の存在である。

2.3.4 工程の時間的・空間的移動分離の不可能性

「工程の時間的・空間的移動分離の不可能性」とは，一般的に，提供と享受が，時間・空間的に，同時に同地点でおこなわれるというサービス特性である。サービスは，供給側と，需要側の間で，ある特定の時間・空間に存立する一過性のものである。すなわちサービス主体による提供と，サービス対象による享受が，表裏一体になって初めてサービスが存立する。その意味において，サービスの取引は不可逆的である。一度サービスが提供されると，それを元に戻す方法はない。よってサービスは不可逆性をもつ。これと比較し，モノは可逆的である。

サービスは流通と在庫が不可能である。サービス自体のロジスティクスは存在しない。したがって「サービスの生産・販売・消費の同時進行性」と共に，

サービスの提供される過程での時間的・空間的移動を分離することが不可能となる。サービスは，サービス提供の主体と分離しては存続できないので，「サービスは直接提供」という原則が生まれる。

2.4 消滅性（perishability）

一過性で消滅する機能なので在庫ができないという特性である。

2.4.1 貯蔵不可能性

サービスの貯蔵が不可能である点は，多くの先行研究者に指摘されている。この点はサービスの本質に最も近い基本特性と言われている。モノは，貯蔵することができるので，在庫として確保することができる。したがって，計画生産や見込生産ができるし，輸送も可能である。また，貯蔵できるので所有することができ，所有権を発生させることができる。

これにたいしてサービスは貯蔵できないので，在庫として確保することができない。したがって，計画生産や見込生産ができないし，輸送も不可能である。また，貯蔵できないので所有することができない。このため所有権を発生させることができない。サービスを提供する側と提供される側で，サービスという機能が交換されるが，サービスには所有権が無い。よってこの交換過程では，所有権の移転はおこなわれずに，サービスという機能発揮の授受のみがおこなわれる。

モノの場合には，供給者が提供したモノを，いったん在庫として貯蔵する。そして，需要者はこの在庫をある時点で使用することができる。すなわち在庫を介して，提供と使用という二段階に時間と空間を分離することができる。例えば電化製品の場合，X地のA時点で，購入がおこなわれると，モノの所有権は購入者に移転する。その後，家に運搬されるなどして一時的にせよ在庫として貯蔵され，Y地のB時点で使用される。

一方，サービスの場合には，販売者の提供と購入者の使用や享受というように分離されず，同時同所でおこなわれる。モノのように，いったん所有権を移

転させるというプロセスを踏まずに，提供・使用・享受が一度におこなわれる。サービスの購入時（＝提供時）に機能が発揮される過程に入るために，貯蔵が不可能となる。サービスにおいては，このような特性から，在庫や流通というロジスティクスを利用することが困難となる。

2.4.2 在庫変動による供給調整の不可能性

「在庫変動による供給調整の不可能性」とは，サービスは貯蔵することができないので，在庫化を前提としたあらゆる管理ができないというサービス特性である。この特性によって，需要の偏在性を前提としたサービス供給に限界が生じる。

2.4.3 需要の偏在性におけるサービス供給

このような，「在庫変動による供給調整の不可能性」があるので，供給調整をおこなうには，「時間変動による供給調整の可能性」に依存せざるをえない。ここで，サービス供給側は，自己の供給能力をいかに管理するかが重要となる。

需要の時間的変動への供給調整として，次のような方法が一般的にとられる。需要のピークタイムに合わせてパートタイムの労働力を利用する方法や，ピークタイムへ労働力を集中させるシフト制度を導入して，サービスを最大供給できるようにする方法である。

逆に，低需要の時期の方法としては，従業員のレイオフ，休暇のスケジュール化，従業員の他の職場への転用もしくは，ピークシーズンのための準備活動への活用などがおこなわれる。

例えば一般的なレストランでは，需要の集中する時間帯が，昼休み時間や夜の仕事後（アフターファイブ）といった食事時間に偏在している。このような場合，特に接客に従事する従業員（ホールスタッフ）に交代制で，需要の集中する時間帯になるべく多く出勤してもらう。その労働時間に見合った賃金のみを支払うという方法が採用される。昼10：00〜14：00の4時間，夜17：00〜21：00の4時間といった4時間シフト勤務が採られているケースが多い。両シ

フト時間帯を合わせると8時間である。しかし，一人の従業員が両シフトを受持つと10：00〜21：00までの11時間もの拘束時間になる。間の1時間を休憩時間としても10時間が勤務時間となり，8時間の正規労働に加えて2時間の残業が加わる計算になる。

この14：00〜17：00まで，実はホールスタッフにあまり作業が無い。店内で素材から完全調理するレストランで調理を担当する従業員は，もちろん休憩は取るにせよ，14：00〜17：00も忙しい。夜の時間帯に来店する顧客に満足してもらう"美味しい料理"を提供するための準備作業に追われる。このようなレストランでは，調理担当とホールスタッフとの作業の繁閑が時間によって生じる。

これに対応するために，ホールスタッフはパートタイマー。調理担当は正規雇用とするといった雇用体制が採られることが多い。このような雇用体制をとることによって，経営者は人件費の高騰を抑制する工夫をしていると言えよう。

また日本のリゾートホテルでは，季節によって需要の偏在が生じる。例えば，全国展開するホテルではこの需要の偏在に対応して，従業員をグループ・ホテルへ異動させ，休暇をスケジュール化している。12月〜3月のスキーシーズンに需要のピークとなるスキー場に隣接するリゾートホテルでは，同時期に需要があまりないマリンスポットに隣接する同グループ内のリゾートホテルから従業員を異動させて，繁忙期のサービスの供給に対応する。6月〜9月は，この逆の異動をおこないサービスの供給調整をおこなう。

これらは，サービスの「需要の偏在性におけるサービス供給」に対応して「時間変動による供給調整」をおこなっているケースである。

2.4.4 需要の偏在性における需要調整

「時間変動による供給調整」をおこなうことは，顧客の需要を調整して管理していることにもなる。サービスは，供給者と需要者の協働によって完成する。これは，供給者からみればサービスが提供される生産過程への需要者の参加であり，需要者からみればサービスが提供される生産過程への供給者の参加であ

る。サービスにおいては，「生産・販売・消費の同時進行性」という特性から，モノのように生産を時間的・空間的に消費に適応させる在庫や流通というロジスティクスを利用することが困難である。したがって，供給を需要に適応させるには限界が生じる。この限界を緩和するために，需要の発生パターンを調整し管理せざるをえないケースが多い。すなわち，顧客をコントロールし協働を促す。

　需要の発生を時間的に平準化することも，需要の偏在性における需要調整である。需要の偏在性という，サービス需要量の偏在的な変動に対して，供給側の適応には限界がある。したがって，需要調整が必要となる。この時間的・空間的な変動数値は，経験的に，類推的に，または統計的にも，予測可能な場合とそうでない場合がある。

　これは，閑散時の需要促進と繁忙期のデ・マーケティングを，意図的におこなうことが有効である。例えば，一般的な方法に，価格の割引，割増しシステムがある。ただし，この方法が有効であるためには，そのサービス供給に対する価格弾力性が予測されなければならない。旅行会社のツアー料金は，一般的に年末年始やゴールデンウィークといった，長期休暇が取りやすい時期に高くなる。これとは反対に，年始明けやゴールデンウィーク明けといった休み明けが安くなる。どちらの時期でも，提供される飛行機やホテルのサービスはほとんど変わらない。長期休暇が取りやすい時期には旅行への需要が増し，航空会社やホテルは繁忙期となる，休み明けは逆に需要が減り閑散期となる。旅行会社は，航空会社やホテルへの需要を平準化するために旅行代金によって需要をコントロールする。旅行希望者は，料金が上がると購入を控え，下がると購入をしたがる。しかし，せっかく料金が下がったとしても，長期休暇が取れる時期と旅行の時期とが合わないと，購入するわけにはいかない。しかたがないので，長期休暇が取れる時期に合わせて，高い料金でもツアーを購入する。この二重価格制は旅行や外食といったいわゆるレジャー産業で多く用いられる手法である。

　レストランでは，繁忙期と閑散期，またいわゆるピークタイムとアイドルタ

イムでは，メニュー価格の設定を二重価格とする。もしくは料理や飲物をつけて，いわゆる"おまけ"として需要をコントロールする。

ただし，あまりにも二重価格の格差が開きすぎた結果として，需要全体が減少することは有効ではない。この方法が有効であるためには，そのサービス供給に対する価格弾力性が，需要に対してどのように影響するかを予測しなければならない。

[注]

[1] ここで言う付加価値とは生産過程で新たに付け加えられた価値のことである。生産者が生産活動によって作り出した生産額から，生産者が購入した中間投入物を差し引いたものとすることが多い。一国全体の付加価値の合計は生産国民所得となる。そこで，付加価値を次のように定義する。

「付加価値とは生産過程で新たに付け加えられた価値であり，価値が提供された人・モノ・情報と，その価値が提供される前の人・モノ・情報との差のことである。」

第 2 章
サービス経済化と労働生産性

1 サービス経済化社会

1.1 第三次産業へのシフト

　世界の先進国が工業化社会から脱工業化し，サービス業を中心とするサービス経済化社会へと向かっている。

　サービス業は，狭義と広義に分類される。狭義のサービス業は，娯楽，飲食店，旅館，洗濯（クリーニング）・理容・美容・浴場，その他の対個人サービス，広告業務用物品賃貸，自動車・機械修理，その他の対事業所サービス，教育，研究，医療・福祉などである。広義のサービス業は狭義のサービス業に加え，電気・ガス・水道，卸・小売，金融・保険，不動産，運輸，情報通信，政府サービス，民間非営利サービスなどである[1]。

　ここで，ふと疑問に思うかもしれない。例えば，なぜ卸・小売がサービス業に分類されるのか。また，なぜ電気・ガス・水道がサービス業に分類されるのか。卸・小売りはモノを扱い流通させる。その過程で販売サービスを提供するのでサービス業に分類される。社会インフラとして巨大資本，巨大生産設備をかかえている電気・ガス・水道は，製造される過程だけに注目すれば製造業に分類される。電気はエネルギーだが，一般的に製造工程を経る。電気・ガス・水道は製造業に分類すべきであると，専門家でも意見が分かれるところである。

　今のところ電気・ガス・水道は流通にのり，販売の過程でサービスの機能も発揮するので，サービス業に分類される。電気は既に小売化されている。将来，

都市ガスや水道も小売化されるだろう。その時には，電気・ガス・水道の製造は製造業とし，販売はサービス業と区分されるかもしれない。

　自動車の製造は製造業であり，販売はサービス業である。アフターサービスでのメンテナンスは自動車・機械修理に分類されサービス業である。また，自動車を使ってモノや人を運ぶ仕事は運輸でありサービス業に分類される。

　さて，広義のサービス業は第三次産業と一般的に言われている。コーリン・クラークは，産業を第一次から第三次に3分類し，「一国の産業構造は，経済・産業が発展し，所得水準が上昇するにつれて，第一次産業から第二次産業，第二次から第三次産業へと，就業人口の比率，および国民所得に占める比率の重点がシフトしていく」と「ペティ＝クラークの法則」[2]で示している。

　この法則は，サービス経済化の進展を説明したものである。産業構造の変化と発展において，各国に基本的な共通パターンを見出すことができる。現在，主要先進国では第三次産業，すなわち広義のサービス業が，その国の経済のかなりの割合を占めるようになった。

　日本の第三次産業（広義のサービス業）のGDP比率を時系列的に俯瞰すると，1970年では約50％，1990年では約60％，2010年では約70％である。また，現在の米国の第三次産業（広義のサービス業）の同比率は約80％であり，日本は約70％[1]であることから，今後ともサービス経済化が一層進展すると予想される。

　なぜ所得水準が上昇するとサービス経済化が進展するのだろうか。例えば，一般的に市町村が発展して人が集まり都市化すると，そこでの経済が発展し，結果として所得水準が上昇する。その発展とともに様々なサービスが必要となる。

　そこで暮らす人々の側に立ち，基本的な衣・食・住についてそれぞれサービス経済化の例を示すと**図表2-1, 2-2, 2-3**のようになる。

　このような結果，人々の集積する都市は，多様なサービスが消費され，多様なサービス業が集積し発展する。

第2章 サービス経済化と労働生産性

▶ 図表2-1　衣（衣類）のサービス

衣類／サービス	ステージ1	ステージ2	ステージ3
	衣類の購入・提供	衣類へのサービス購入・提供（クリーニング・サービス）	衣類へのサービス購入・提供（メンテナンス・サービス）
サービス購入者	街の衣料品店やネットで衣類を買う。	着た衣類をクリーニングしたい。家でおこなうには時間が無い。所得は増えたが，仕事も増えて忙しくなった。クリーニングに出すことにする。いつもクリーニングに出してばかりだと高くつく。しかし洗濯機を購入・設置するとその分，居住スペースが狭くなる。広く借りると家賃負担が重い。都市化に伴って家賃が高騰している。できるだけスペースを有効活用したい。そのために，洗濯機は購入せずにコインランドリー・サービスを活用する。	着た衣類の傷んだところを直したい。しかし家庭内でおこなうには時間が無い。メンテナンスに出すことにした
サービス提供者	販売や配送といった，卸・小売，運輸などのサービスを提供する。	クリーニング・サービス，コインランドリー・サービスの提供	衣類のメンテナンス・サービス（お洋服のお直し）の提供

出所：筆者作成

　経済が発展しサービス経済化が進行すると，代行，外注，アウトソーシングといったサービスを別の人に行ってもらうやり方が進展する。これをサービスの外部化という。家庭内では上述のようにサービスの外部化が進展する。企業にとってはどうであろうか。研究・開発・購買・販売・在庫・物流などの機能の中から，外部化した方が，生産性が向上しコストが下がるならば外部のサービスを購入する。そして外部化の進化は，サービスの外部化をさらに進展させると言えよう。このサービスの外部化については補足資料4で詳述する。

▶ 図表2-2　食（フード）のサービス

フード／サービス	ステージ1	ステージ2	ステージ3
	フードの購入・提供	フードへのサービス購入・提供（外食）	フードへのサービス購入・提供（中食）
サービス購入者	街の食品店やネットで食品を買う	食事を家で作る時間と体力が無い，所得は増えたが，仕事も増えて忙しくなったのでヘトヘトだ。しかし，しっかりと食事を取りたい	いつも外食ばかりだと栄養のバランスが崩れる。所得は増え，仕事が増えて忙しくなったが，家で食事したい。しかし家で調理するには十分な時間が無い。まして，調理の際には臭いや煙が出る。近隣からの苦情も気になる。特に生鮮食品を調理する時は，悪臭がでる生ゴミの処理が大変である。そこで調理済みの食品を買うことにする
サービス提供者	販売や配送といった，小売，運輸などのサービス提供	販売・接客・空間提供（第2節で後述）といった，飲食店に分類されるサービス提供	販売や配送といった，小売，運輸などのサービス提供

出所：筆者作成

▶ 図表2-3　不動産のサービス

不動産／サービス	ステージ1	ステージ2	ステージ3	ステージ4
	不動産の購入・提供（賃貸）	不動産へのサービス購入・提供（販売・仲介）	不動産へのサービス購入・提供（インフラ供給）	不動産へのサービス購入・提供（メンテナンス）
サービス購入者	街の不動産仲介店で不動産を購入・賃貸する	所得は増えたが，仕事も増えて忙しくなったのでヘトヘトだ。もっと会社に近いところで住まいを確保したい	会社に近いところに引っ越したので電気・ガス・水道・通信回線が必要である。IOTを多用したいので通信回線を大容量化したい	住まいのクリーニングや修繕をしたいが時間が無い。まして，それ専用の器具が無い。買ってきて使ったとしても，置いておくスペースが足りない。素人なので作業では臭いや騒音を出してしまう。近隣に迷惑である。そこでプロに頼むことにする
サービス提供者	不動産の販売・仲介サービス提供	不動産の販売・仲介サービス提供	電気・ガス・水道・通信回線の供給などのサービス提供	清掃や修繕などのサービス提供

出所：筆者作成

1.2　サービス業の労働生産性比較

　サービス業の日本経済に占める割合は大きい。しかし製造業などと比較し，サービス業の労働生産性は低い（**図表2-4**）[3]。日本のサービス業の労働生産性は米国の約50％であり，1990年代後半の生産性と比較しても日米格差は徐々に拡大しつつある[4]。この生産性の動向が，マクロレベルの経済成長に及ぼす影響は大きいと言えよう。経済成長と労働生産性には，「経済成長率＝労働生産性上昇率＋就業者増加率」という関係がある。

　人口減少が現実となった日本において，就業者数の増加に多大な期待をかけるのは，難しいと考えられる。サービス経済化の進展により，製造業などの第二次産業から，サービス業などの第三次産業へと，経済の重心が移りつつある。

日本全体の労働生産性水準は，2015年にOECD加盟35カ国中第22位[4]と低位のままである。一方，日本の製造業の労働生産性は2014年に同加盟国中第11位[4]であった。すなわち，日本の製造業の労働生産性は比較的に高いが，日本全体の労働生産性はそれほど高いわけではない。

日本の生産性上昇が回復しつつあるとはいえ，製造業とサービス業との労働生産性水準には依然として差がある（図表2-1）。したがって，サービス業の労働生産性を引き上げることが，日本の経済成長および国民所得上昇にとって，非常に重要であると言えよう。

労働生産を以下によって求めることができる。

▶ 図表2-4　サービス業の労働生産性―製造業との比較―

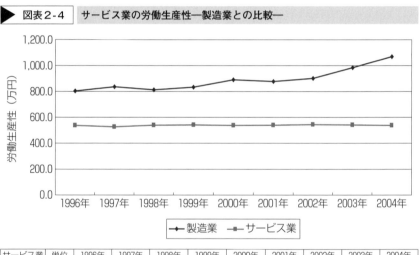

サービス業	単位	1996年	1997年	1998年	1999年	2000年	2001年	2002年	2003年	2004年
国内総生産	10億円	92,954.5	94,578.4	97,793.9	98,916.8	102,606.5	105,567.0	107,899.4	110,838.3	114,391.6
就業者数	万人	1,730.6	1,795.8	1,814.7	1,827.7	1,910.0	1,958.0	1,985.4	2,049.5	2,127.2
労働生産性	万円	537.1	526.7	538.9	541.2	537.2	539.2	543.5	540.8	537.8
対製造業比	%	66.8%	63.0%	66.3%	64.9%	60.4%	61.5%	60.3%	55.0%	50.3%

製造業	単位	1996年	1997年	1998年	1999年	2000年	2001年	2002年	2003年	2004年
国内総生産	10億円	110,484.4	113,053.3	105,467.6	105,496.3	111,293.7	105,176.8	103,376.6	110,430.9	117,605.5
就業者数	万人	1,374.7	1,352.7	1,297.1	1,265.4	1,250.4	1,199.2	1,146.6	1,123.0	1,101.1
労働生産性	万円	803.7	835.8	813.1	833.7	890.1	877.1	901.6	983.4	1,068.1

データ資料：内閣府経済社会総合研究所国民経済部（2006）「国民経済計算年報」（実質値），pp.210-235
出所：筆者作成

労働生産性＝付加価値／人数[5]

付加価値＝経常利益＋人件費＋金融費用＋賃借料＋租税公課＋減価償却費

したがって高い労働生産性を得るには，高賃金の少数スタッフが高効率で働き，高付加価値を産出することが必要となる。しかし，このようにいかない場合が多い。

パート・アルバイトや期間雇用などの多くの非正規社員が，正社員と比較して低い賃金で働いていることが，付加価値を低下させる一要因となっている。特に医療・介護・福祉・外食・ホテル・旅館などの労働集約的なサービス業ではこのような傾向が顕著である。

1.3 労働力供給と労働生産性

サービス業において労働生産性を向上させるには，作業の機械化が有効であることは言うまでもない。しかし，低成長下の少子高齢化社会では，将来の需要増加に期待をかけられないので，設備投資をして機械を設置しても不稼働設備を抱えることになる，という「不稼働設備への不安」や，後述する「技術の不在」「低コスト化による機械化の遅れ」などの理由により機械化がなかなか進展していない状況と言えよう。

就労者人口が減少し，海外から労働力を輸入する政策が進展をみせない状況下で，労働力供給を拡大することは難しい。今後も就労者人口の減少が継続すると見込まれるので，労働力供給が縮小する傾向は継続すると予想される。日本経済を発展させGDPを増加させるには，労働生産性を高めることが求められる。

2 サービス業の特質と労働生産性

2.1 サービス業の特質

"サービス業の特質"を明確化していきたい。"サービス業の特質"は，①労働集約性，②低い労働生産性上昇率，③高い価格上昇率の3点に集約されると考えられる。

2.1.1 サービス業の労働集約性

サービス業は一般的に労働集約的である。同じ売上高を実現するために，サービス業はより多くの人間をインプットしているのである。

しかし，最も労働集約的とされるサービス業の中にも，物品賃貸業や旅館のように労働装備率が高い資本集約的な業種もある（**図表2-5**）。

生産過程において，人間の労働に依存するか，機械や設備などの資本に依存するかは，業種によって異なる。一般的に，サービス業は機械化が遅れており，人間の労働に依存する部分が大きいというのが現状である。しかし，サービス業の機械化の進展により，人間への依存度に変化が生じる可能性は将来的に高いと考えられる。

2.1.2 低い労働生産性上昇率

就業者1人当りの実質生産額の推移をみると，サービス業の伸びは極めて低いという実態がわかる（図表2-4）。就業者の増加率とほぼ同程度の実質生産増加率でしかないのである。つまり，実質生産額を増やすためには，その分の労働者を雇わなければならない。これが，サービス業が雇用吸収産業と言われてる所以である。これは企業経営にとって大きな問題である。

日本経済がデフレを脱却し賃金上昇が恒常的になるとする。このときサービス提供者に賃金上昇を吸収するだけの労働生産性の伸びがなければ，人件費が

図表2-5　サービス業と飲食業の労働装備率

	労働装備率 （千円）	格差 集計＝100
サービス業計	1,455	100.0
物品賃貸業	4,995	343.3
旅館	5,247	360.6
個人サービス業	1,266	87.0
洗たく業	1,402	96.4
理容業	671	46.1
美容業	749	51.5
公衆浴場	1,716	117.9
自動車整備業，駐車場業，修理業	1,019	70.0
情報サービス業，調査業，広告業	331	22.8
事業サービス業	351	24.1
建物サービス業	266	18.3
専門サービス業	470	32.3
商業デザイナー	949	65.2
建築設計業	429	29.5
飲食業計	1,613	100.0
そば・うどん店	1,101	68.3
すし屋	1,396	86.5
大衆食堂	1,570	97.3
喫茶店	1,577	97.8

注：労働装備率は従業者1人当り有形固定資産額
出所：木村吾郎『現代日本のサービス業』，新評論，1981年，p.103

過剰になる。この対策として価格に転嫁するか，または他の費用を削減することができなければ，利益が減少する。赤字に陥る可能性も高まるだろう。

　また，サービス提供者が需要の伸びに対応して規模拡大を図れば，雇用増を視野に入れざるを得ない。その際，賃金上昇を押さえる。サービス価格を上げる。現状の人員で低品質サービスを提供する。労働を強化するといった対応を迫られるであろう。

2.1.3 高い価格上昇率

　サービスは，生産と消費を完全に分離することができない。サービスは在庫が効かず，生産と販売が同時なので，少量生産にならざるをえない。また需要に応じた機械・設備への投資が製造業よりも少ないために，規模の経済性を発揮しにくい特性がある。したがって全体として労働生産性が遅々として上昇しない。

　このような状況で，賃金上昇率が上向くとコスト増となる。これを吸収するには，サービス価格を上昇させなければならない状況となる。

　また，サービスは市場競争を妨げる場合が多い。それがサービスの価格上昇を受容させる。例えば，サービスには時間・空間の制約があるため，商圏が限られがちである。したがって販売拠点に近い商圏内での，立地独占的な立場を保持できる場合が多い。遠方にあるサービスよりも，移動コストを含めた総コストが割安であると判断し，至近距離にあるサービスを選択するという現象がこれにあたる。

　加えて，B to B（企業間商取引）では継続的取引によるメリットが存在する。サービス提供者と顧客との協働が必要なので，互いに慣れているほうが効率的である。継続取引の方がいわゆるスイッチング・コストとリスクが低いのである。よって，少々割高でも，継続的に取引している業者を選択するという「慣性の法則」にしたがう。これは，一種の新規参入障壁となる。

　これらの競争を妨げる要因が，サービスの価格の上昇率を高く維持していると考えられる。

2.2　サービス業における労働生産性の阻害要因

2.2.1　サービスの生産過程には顧客が参加するので不確実性が高い

　サービスが提供される時点では，顧客と提供者の相互作用的な協働が発生する。つまり，サービスの生産中に顧客が入り込んでくるのである。顧客と提供者が相互に依存して協働する点が，サービスの特徴である。これをサービス提供する企業側からすると，顧客という不完全にしかコントロールできないもの

が，サービス・システムに，インプットされることになる。したがって，顧客の行動が生産効率に大きな影響を及ぼす。不確実性が高いうえに生産計画に乱れが生じやすい。

例えば，レストランでルールを守らない顧客がいると，他の顧客へのサービスに支障が生じる。サービスの生産には不確実性が生じる。このような，顧客の協力がないと，サービスは存立し得ない。しかし顧客満足を得てサービスの生産性を向上させるためには，顧客の行動をうまくコントロールすることが必要となる。

効率よくサービス提供するためには，サービス提供者と顧客が相互に依存して協働する方がベターである。例えば，顧客にはレストラン側のルールを守ってもらい，レストランのサービスに協力してもらう。ルールや協働作業は，マナーや慣習による相互理解が得られることが前提である。

その前提が成立しない状況もありうる。例えば異文化圏の顧客や，ルールを意図的に無視する顧客，ルールを守る能力が備わっていない顧客が参入する場合には，サービスの生産工程が不具合となる。このような，顧客との暗黙の了解による相互依存的な協働作業では，不具合のリスクを完全に払拭することが困難である。

このリスク回避には，完全予約制で不適格な顧客をサービスの生産工程に入れないシステムも有効である。例えば，京都の料亭の「一見さんお断り」や「会員制」がこれにあたる。

顧客は不完全にしかコントロールできない。生産管理的に考えるならば，サービス・システムにインプットされるコントロール・リスクのある顧客は，生産工程において生産計画のリスク要因となると言えよう。

2.2.2 需要の時間的・量的偏在に左右される

サービスの在庫化は不可能である。したがって製造業のように，適正在庫により生産を平準化することができない。また生産と消費が同時という特性により，生産時間が需要時間に規定されてしまう。よってサービス提供者は，需要

の時間的・量的変動に直接対応しなければならない。

　この特性は，サービス提供者にとって，労働生産性の低下要因となる。既に述べたように，レストランでは，休・祝祭日や食事時間帯のピーク時には，顧客が集中的に来店して混雑する。一方，平日や非ピーク時には，顧客が少なく極めて対照的である場合が多い。

　このような，サービス提供者は需要の時間的・量的偏在に対応し，生産計画を立てなければならない。一定のペースに平準化された生産計画を遂行することは不可能なので，繁閑の差に対応するために，設備や人員を調整して備える計画となる。しかし，需要の偏在性により，完全な生産計画を策定することは困難である。

　需要の時間的・量的偏在はモノにも存在する。しかし，モノの場合には，在庫という調整装置がある。生産と消費の間に，在庫という緩衝機能があるので，効率的に一定のペースで平準化された生産をすることが可能である。また，生産と消費が完全に分離されているモノの場合には，生産と消費の間に流通という機能を置き，集中的生産と分散的消費の間に存在する時間的，空間的，量単位的ズレを克服する機能がある。この在庫と流通によって構成されるロジスティクスを，サービスは用いることができない。

　レストランでは，製造業的な調理を，セントラル・キッチンや外注による方法で，サービスが生産される店舗と分離し，ロジスティクスにより，そのズレを克服し労働生産性を向上させているケースが多い。しかし，サービスでは，「貯蔵不可能性」，「生産・販売・消費の同時進行性」，「需要の時間的・量的偏在」という属性によって，それができない。顧客の需要する時が，サービスをアウトプットする提供時なのである。よって，サービス提供は，店舗で直接的におこなわれている。ただし，このサービスを細分化してみると，ロジスティクスの工程が含まれていることが分かる。例えば調理場から顧客のテーブルに料理や飲物を運ぶ。空いた食器を下げるといった工程である。このようなサービス工程を効率化することによって，労働生産性を向させることは可能であると言えよう。

2.2.3　規模の経済性を発揮しにくい

　ここで用いる規模の経済性とは，サービス提供の生産規模を拡大することによって，単位当りのコストを下げることである。

　サービスの生産拠点は顧客立地となる。なぜなら，サービスは，時間と空間に特定され，サービス対象の存在場所で提供されるからである。顧客のモノ（所有物）が対象の場合は，そのモノの存在場所であり，顧客自身が対象である場合は，顧客の存在場所が生産拠点となる。よって，サービス提供者がサービス対象の存在場所へ移動するか，あるいは顧客がサービス提供者の存在場所へ移動することにより，サービスの生産が可能となる。例えばレストランでは，顧客が店舗まで移動することが，一般的な前提条件となる。レストラン側が顧客側まで移動する場合は，仕出しやケータリングサービスなどのいわゆる出張サービスの範疇となる。

　いずれにしても，顧客とサービス提供者の双方が，移動を介して生産拠点に存在することが求められる。出張サービスの場合を除き，レストランが規模の経済性を発揮することを目的として，多くの顧客にサービスを提供するためには，多くの顧客を店舗まで移動させるか，多くの顧客の近くに店舗を移動させる必要性がある。すなわち，大型店舗出店や，クイックサービスなどの方法により，効率よく多数の顧客にサービスの生産ができるシステムが必要となる。または，顧客の近くに多店舗展開し，顧客の移動における時間的・空間的利便性を高めることが必要となる。

　レストランでは，一般的に，顧客が全国各地から集まるわけではなく，時間的・空間的に限定されるので，おのずから吸収できる商圏は限定されている。商圏を広範囲にし，顧客に多数来店させるには，各地に生産拠点を設置しなければならない。サービス提供者は各地にサービス拠点をもたない限り，広い地域の需要をカバーすることは出来ない。すなわち，サービスの生産拠点は顧客立地となる。需要が分散的であればあるほど，規模の集積がおこなわれにくく，大規模化しにくい。よって規模の経済性の発揮が困難である。この特質が，労働生産性の向上の阻害要因の一つとなっていると考えられる。

2.2.4 接客スタッフのストレス

サービスの提供媒体である接客スタッフは，企業目標と顧客要求とのギャップで葛藤を感じる場合が多いと言えよう。

顧客側は，サービスの相応する最低価格水準で満足最大化を要求する。一方，企業側は，請求可能な最高価格水準で利益最大化を目指す。顧客と同時点に同生産拠点において協働作業をするとき，接客スタッフは双方の思惑の間で板ばさみになる。レストランでは，顧客はできるだけ少ない出費で，できるだけ良質のサービスを求める。顧客に最大の満足感を与えるには，きめの細かい神経の行き届いたサービスが必要になる。良質なサービスを追及すると，いわゆる，手のかかる作業となり，作業効率の低下する可能性が高まる。企業側の利益最大化目標によって，サービスを提供する接客スタッフの人数は制約を受ける。ゆえに，1人当りの労働強化という手段を採らざるをえない。その結果，接客スタッフの疲労度は増加し，ストレスが蓄積される。

接客スタッフは，このような顧客要求と企業目標とのギャップを現場で調整する役割を担うのである。この問題を補完すべく，マニュアルによる作業の標準化や，短期間にサービス技術向上を達成するための教育システムなどが，外食産業大手により導入されてきた。しかし，先述したサービス特性が，依然として接客スタッフにストレスを蓄積させる要因となっていると考えられる。

2.2.5 機械化の遅れ

既に述べたように，サービス業において労働生産性を向上させるには，作業の機械化が有効である。しかし，少子高齢化における低成長下では，将来の国内需要増加に期待をかけられないために，不稼働設備を抱えることに不安を覚えていると考えられる。このような構造的な問題以外にもサービス業において，機械化が遅れている理由には，次のような要因があると言えよう。

- 技術の不在

サービス産業には，今日まで機械化の技術があまり存在しなかった。機械によって匠の技をハイレベルでコントロールするような，ハイレベル・コント

ロール・システムがほとんど不在であった。

　例えば，理美容業，マッサージ業のように，ハイレベルの技能労働を機械化する技術は，ほとんど不在であった。一般的に導入されたとしても，部分的な機械化のレベルに留まっている。ハイレベルな技能労働であるサービスの実行には，非常に微妙な動作が要求される。しかも作業中に顧客の詳細な要求に対応しなければならない。したがって，繊細な修正作業が必要とされる。しかし，部分的とはいえコントロール・システムのハイレベル化が進歩を遂げている。近い将来には，匠の技のハイレベル・コントロール・システムである，全自動理美容機，マッサージ機なども登場すると考えられる。

　レストランでは，サービスの機械化がほとんど見あたらない。唯一，回転寿司に見られる料理・飲物の運搬と展示が，部分的にあてはまる程度である。レストランのサービスには，ハイレベルの技能労働を機械化することができるハイレベル・コントロール・システムが，希求されていると言えよう。

・低コスト化による機械化の遅れ

　機械化は一定の水準まで達しているが，人件費を下回る水準まで低コスト化が進んでいない例も多い。例えば，クリーニング業，ビル・メンテナンス業などがこれに該当する。製造業で開発された科学技術を応用すれば全自動機械化の可能性は高いが，広域の需要を取り込み，一箇所で集中的に大量に作業することに適さない。したがって，規模の経済性を発揮できる製造業のような，大規模な工程には成りにくい。すなわち，地域限定の小規模需要を中心とする小ロット地域分散型生産，多様性のある個別受注生産，という理由から，機械化による経済的効果が発揮されにくい。よって，機械化が促進されにくかったと考えられる。

　しかしながら，現在，ビル・メンテナンス業の一部では，清掃作業にロボットを導入し，機械化を進展させている現状からして，これらの分野でも技術革新によるさらなる機械化の可能性は大きい。

　以上のように，サービス業の機械化が遅れた原因には，サービス特性以外に技術的要因がある。現金自動預け払い機（ATM），自動洗車機，自動改札機，

自動パーキングシステム，各種自動販売機などは，機械化された自動サービス・システムである。これからは，技術革新によって，他分野でも自動サービス・システムが登場し，労働生産性を飛躍的に向上させると考えられる。

2.3 サービス業における労働生産性の格差

クラークは，第三次産業として，雑多な産業の集合体を単一に括った。この結果，外食産業のような労働集約的な産業も，コンサルタント業のような知識集約的な産業も，第三次産業に含まれることになった。前者は後者よりも労働生産性が低いと言えよう。このような多様な業種が混在するサービス業には，労働生産性の格差があると考えられる。

技術革新はこの格差の大きな要因であると言えよう。例えば，情報通信技術（以下，ICT）の革新により，大幅な労働生産性向上がもたらされた。知識集約型のサービス業では，ICTを用いてサービスを提供している企業が多く，その労働生産性は比較的高い。その中には製造業大手に匹敵する企業もある（図表2-6）。

日本経済調査協議会は，サービス業の研究開発と技術革新について，次のように述べている。

「一般にサービス業の研究開発レベルは，製造業に比べて低い。その一因は，サービス業の技術革新の特徴にある。サービス業のほとんどの革新は，技術的なものではない。プロセスや手順の小規模な漸進的改革であり，それほど多くの研究開発を必要としない。そして多くの伝統的サービス業は，労働集約的であり，人が主要な資源であり原動力である。」

これがサービス業の低い労働生産性の一要因である。特に労働集約的な部門の技術革新が必要であると言えよう。

2.4 サービス業の低労働生産性の問題点

サービス業の3つの特質，すなわち，①労働集約性，②低い労働生産性上昇率，③高い価格上昇率の3点はそれぞれ密接に関連している。サービス業では，

第2章 サービス経済化と労働生産性

▶ 図表2-6　技術革新的サービス業と製造業の労働生産性比較

業種	会社名	EDINETコード	分類	労働生産性
その他サービス業	セコム	941027	警備最大手	14,922,344
その他サービス業	日立情報システムズ	941061	情報処理大手	14,195,199
その他サービス業	船井総合研究所	941079	経営コンサルタント	13,265,921
その他サービス業	TIS	941072	システム開発	12,854,141
その他サービス業	日本コンピューター・システム	941103	独立系ソフト開発	8,425,928
			平均	12,185,297

業種	会社名	EDINETコード	分類	労働生産性
製造業	武田薬品工業	266002	医薬品製造業	69,314,021
製造業	キヤノン	371011	精密機械器具製造業	36,637,895
製造業	トヨタ自動車	363003	自動車製造業	23,627,998
製造業	本田技研工業	363030	自動車製造業	20,993,448
製造業	キリンビバレッジ	185032	飲料製造業	22,363,524
製造業	旭硝子	301002	窯業,土石製品製造業	23,790,753
製造業	日産自動車	363001	自動車製造業	21,783,800
製造業	味の素	189002	その他食品製造業	19,812,704
製造業	シャープ	352009	通信機械器具製造業	19,646,826
製造業	東芝	351002	電動機発電機製造業	16,429,625
製造業	ソニー	352014	通信機械器具製造業	14,893,294
製造業	松下電器産業	352008	通信機械器具製造業	14,330,807
製造業	日立製作所	351001	電動機発電機製造業	11,586,389
製造業	日本電気	352001	通信機械器具製造業	10,534,895
製造業	富士通	352002	通信機械器具製造業	9,811,244
			平均	22,370,481

1）単位＝円．算出期間は平成17年1月から18年3月までの各企業の1期間（年間）
2）労働生産性＝付加価値総額／全従業員数，全従業員数＝臨時従業員数＋期末従業員
3）付加価値＝経常利益＋人件費（労務費含）＋金融費用＋賃借料＋租税公課＋減価償却費
4）臨時雇用者は1日8時間労働換算
5）EDINETより，有価証券報告書の記載数値を使用
注：知識集約型サービス業と製造業における各代表的上場企業から抽出
出所：筆者作成

賃金上昇率がプラスに転じると賃金上昇圧力がかかる。この状況下でサービス業は，労働集約的であり，労働生産性が向上しにくいため，サービス価格が上昇する。名目賃金上昇率がマイナスでも，賃金引下げには大きな抵抗があるので，結果として恒常的な価格上昇が続く例が多い。サービス需要は価格弾力性が大きいので，価格が少し上昇すると需要量は大きく減少するケースが多い。つまり，価格が高くなると買わなくなる。例えばレストランにおいて，好景気下では需要が急拡大したため，需要増加に合わせて接客スタッフを配備した。しかし，賃金が上昇しているのに労働生産性が伸びないため，価格を上昇させることになった。その結果，顧客は外食の回数を減らし，家庭内の食事（以下，内食）やオフィスや家庭内に調理済みの惣菜や弁当を運んでとる食事（以下，中食）へと代替させた。そして，規模の経済を活かして，労働生産性を上昇させるレベルまで達することなく，接客スタッフを削減せざるをえなくなった。すなわち，労働生産性が上がらないので，価格を上昇させるのだが，需要が伸び悩んで規模が拡大しない。この結果，労働生産性が上がらないという悪循環が存在しているのである。

　現在，サービス業の売上高人件費率は高い。ゆえに，賃金上昇に相応する労働生産性の上昇がなければ，サービス価格上昇を抑制することは困難である。よって，サービス業の産業としての発展がなかなか進まないという構造がある。

　一方，現在の製造業の発展は，労働生産性の飛躍的な上昇に支えられている。特に規模の経済性の発揮が，労働生産性向上に大きく貢献した。さらに，豊富な生産による高い経験効果や，産業ロボットによる機械化や，オペレーションの効率化が，単位当りコストを下げた。そして，労働生産性の上昇や価格抑制による需要拡大は，さらなる規模の経済性の発揮へとつながった。その利益を新規設備投資に振り向けるという好循環の結果として，飛躍的に労働生産性を向上させた。

2.5　サービス業の生産性向上策

　サービス業にとって，これらのマイナス要因を克服して生産性を向上させる

ためには，次の"付加価値の向上，生産効率の向上，サービス複合化の見直し"といった3つの方法が考えられる。

2.5.1 付加価値の向上
付加価値を向上させるためには，主に次の3つの方法が考えられる。
① 高額で付加価値率の高いサービスの提供
人による，サービスの直接提供（高コンタクト）と間接提供（低コンタクト）を分業化する。特に直接提供（高コンタクト）では，経験効果を発揮しブランド化を推進する。その高度なサービス内容を，広告，スポンサーシップ，イベント，社会貢献活動，会員制クラブ化などによって，積極的に告知して広める。
② 研究開発投資の拡大
研究開発への投資を拡大するとともに，積極的に高度な人材を確保し育成する。
③ サービス特性のマイナス要因の"バリュー・シフトアップ"による克服
（第5章で詳述）

2.5.2 生産効率の向上
- **機械化・情報化への投資を拡大し，作業効率を向上させる。**
  これには次の方法がある。
  ① 人によるサービスの直接提供（高コンタクト）と，機械による間接提供（低コンタクト）とを分業化する。各ポジションで人と機械の共創を促進する。
  ② ハイレベル・コントロール・システムの機械による，サービスの直接提供（高コンタクト）と間接提供（低コンタクト）の双方を自律的・分散的におこなわせる。
- **規模の経済性の発揮**
  サービスの生産規模を拡大することによって，単位当りのコストを下げるこ

と。

- **範囲の経済性の発揮**

サービスの品目の範囲を広げ，複数品目のサービスを同一場所で提供することによって，各品目のサービスを別々の場所で提供するよりも効率を上げること。
- **ネットワーク経営**（第6章で詳述）
- **プラットフォーム経営**（第6章で詳述）

2.5.3 サービス複合化の見直し

ところで，接客というサービスは，他のサービスと複合されて提供されるケースが多い。顧客ニーズの複雑化にともない，サービスも多様になり，サービスは多機能化してきた。サービスが複合化することで付加価値が高まるケースが多いが，必ずしも労働生産性が向上するとは限らない。なぜなら，サービスが複合化することで，以前よりも労働集約的となり労働生産性が低下するケースもある。特にサービスに複数業種が絡み合う場合には，どの部分の労働生産性が低下しているのかを分析する必要がある。

例えばレストランでは，接客というサービス業（狭義）のほか，料理や飲物を販売する小売業，客室を一時的に貸すレンタル業（空間提供業），調理する製造業といった複数業種にまたがる要素が絡み合って多機能化してきた。このため各要素の労働生産性の分析が必要である。

そして投入する労働量を削減し品質を向上させるために，各工程を分析し，再設計するリエンジニアリングが，レストランの経営効率を高めるうえで必要である。各要素を見直し，例えば機械で肩代わりできるところは機械化して，労働生産性を高めることが大切である。

これに，規模の経済性や範囲の経済性を連動させることにより，労働生産性を高めることが求められると言えよう。

第2章 サービス経済化と労働生産性

[注]

[1] 経済産業省 商務情報政策局（2014.1.20）「サービス産業の 高付加価値化・生産性向上について」(http://www.meti.go.jp/press/2014/06/20140609005/20140609005.html) 本書では広義のサービス業を論説対象としている。GDP比率は，狭義のサービス業が約20％，広義のサービス業が約70％である。

[2] ウィリアム・ペティ（1690）『政治算術』の中でウィリアム・ペティが記述した考え方をコーリン・クラークがまとめたもの。

[3] 内閣府（2014.4.18）「サービス産業の生産性」(http://www5.cao.go.jp/keizai-shimon/kaigi/special/future/wg1/0418/shiryou_01.pdf)

[4] 日本労働生産性本部（2016）「労働生産性の国際比較」

[5] 雇用者は1日8時間労働で換算。

第3章 サービス経営戦略の策定

1 経営の設計図

1.1 経営戦略は基本設計図

　戦略とは,もともとは軍事用語である。ギリシャ語で「軍隊（stratos）を導く（ago）」を語源としている（網倉・新宅, 2011）。軍隊における戦略とは,戦争に勝利するという目的達成のための手順体系である。中国古代・春秋時代の武将であり軍事思想家である孫武[1]は,兵法書『孫子』にて「敵を知り己を知れば百戦殆うからず」としている。

　すなわち,戦争で最も大切なのは,優れた戦略を立てることである。優れた戦略はまず敵と己を知ることであるとしている。これは現代経営において,「敵」とは消費者・競争相手（消費者を取りまく）・業界・市場といった経営の外部環境であり,「己」とは企業のヒト・モノ・カネ・情報といった経営資源に関わる内部環境である。外部環境を読み,内部環境を量ることで優れた経営戦略を組み立てることができると読み解くことができる。

　戦略は勝つための手順体系である。経営戦略は経営目的を達成するための手順体系である。経営目的は下位の目的から上位の目的へと階層を形成している。そして,経営戦略は上位目的を達成するための手段として,下位目的が機能するように設計される。

　経営戦略における最上位の目的は経営理念である。経営方針,経営ビジョン,経営ポリシーなどと称される場合があるが,要するに経営戦略における最上位

の概念である。経営はこうあるべきであり，こういう目的達成のために経営戦略を実行すると組織の内外に明確に示す経営の核である。つまり経営戦略は，"経営理念という最上位の目的"（以下，経営理念（目的））を実現するための手段であり，基本設計図である。

　経営戦略は，企業の外部環境と内部環境との整合性において優位性を発揮する。そのために外部環境とうまく適合するように経営戦略を設計し，これに内部環境をうまく適合させるように経営システムを設計する。そして，外部環境と経営戦略との整合性と，内部環境と経営システムとの整合性が論理的に一貫していることが大切である。

　山根（2003）は，次のように述べている。

　「経営戦略を，事業戦略，競争戦略，機能別戦略の３つに分けると設計しやすい。事業戦略は，展開する事業領域（ドメイン）を明確化する基本設計図である。どこで戦うのかを具体的に示す。複数の事業からなる規模の企業では，全社の事業領域（ドメイン）をどの範囲にするかを全社戦略として定める。競争戦略は，競争相手を負かす手段を明確化する設計図である。ライバルを相手にいかに有利に競争を勝ち抜くかを示す。機能別戦略は，各事業に対応した研究開発・購買・生産・販売・マーケティング・財務・人事などの各機能別レベルでの戦略である。」

1.2　経営環境分析

　経営環境を次のように外部と内部に分けて分析する。

- **外部環境**

　企業がコントロールしたくてもできないような企業組織外の状況である。次のようにマクロとミクロに分けることができる。

マクロ的環境：政治・経済・自然環境および科学技術進歩・法規制などの状況。
ミクロ的環境：原材料・製品・人材・金融などの市場の状況，および競合の状況。

- **内部環境**

外部環境との整合性が必要となる企業組織内の経営資源・経営システムの状況。ヒト・モノ・カネ・情報といった組織内の製品・情報・技術・人材・資金などの経営資源を組み合わせ、商品力・生産力・販売力・技術力・資金力・組織力・意思決定力を発揮させる経営システムの状況である。これと経営戦略との整合性が論理的に一貫していることが大切である。

1.2.1 SWOTによる外部・内部環境分析

企業の内部環境における経営資源・経営システムが保有する「強み（Strength）」と「弱み（Weakness）」、企業の外部環境における「機会（Opportunity）」と「脅威（Threat）」を総合的に分析する手法がSWOT分析である（**図表3-1**）。

外部環境による機会と脅威を分析し、内部環境における経営資源・経営システムの強みと弱みを分析する。その強みを発揮して弱みを克服し、外部環境の脅威を避けて機会を味方にするような経営戦略の策定に用いられる。

経営戦略の策定段階では、外部・内部環境のどちらを重視するのだろうか。

- **外部環境を重視するパターン**

まず外部環境を分析し機会を見出す。このチャンスを活用し脅威を回避できるかと考える。次に内部環境を分析し、外部環境に対して強みを発揮し弱みを克服できる方法を考える。そして経営理念（目的）を策定する。これを達成するための経営戦略を策定し、経営システムを設計する。そこからヒト・モノ・

▶ 図表3-1　SWOT分析図

	機会 (Opportunity)	脅威 (Threat)
外部環境		
内部環境	強み (Strength)	弱み (Weakness)

出所：筆者作成

カネ・情報といった経営資源を確保するといったプロセスを踏むパターンである。

- **内部環境を重視するパターン**

まず内部環境を分析する。経営資源・経営システムが，どのような強みと弱みを持っているかと考える。次に外部環境を分析する。そこから，この強みを発揮し弱みを克服することにより，外部環境の機会を活用し脅威を回避することができるかと考える。このパターンは，あらかじめ確保された経営資源をいかに有効かつ効率的に活用するかという経営資源ありきのプロセスを踏む。

1.3　外部・内部環境との整合性

外部・内部環境との整合性はいかにしてコントロールすべきだろうか。例えば産業構造という外部環境を考えてみたい。笑ったときの口の形に似たスマイルカーブは，産業構造のなかで上流と下流のビジネスは付加価値が高くなるが，中流は付加価値が低くなるという説を表現している（**図表3-2**）。

例えばパソコンでは，インテルやマイクロソフトのような上流に位置する企業は，高い付加価値を生み出している。

▶ **図表3-2**　スマイルカーブ

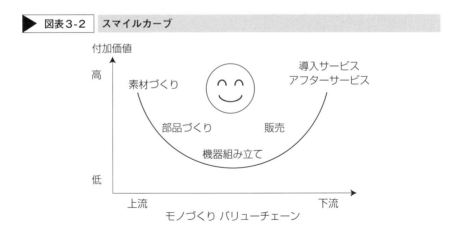

出所：筆者作成

しかし，中流のパソコンの組立・流通のみのビジネスでは，高い付加価値を生み出すのが困難である。中国・東南アジアのように安価な労働力が投入され，パソコンが生産されている現状では，特に日本の中流のビジネスが高い付加価値を生み出しにくくなっている。

一方で，単に製品を提供するのみではなく，下流の顧客に近いところで顧客ニーズを満足させるようなサービスを提供することで高い付加価値を生み出し成功しているビジネスモデルがある。アップルのiPodやiPhoneのケースのように，製品のみならずサービスを同時に提供できる企業は，コスト競争の波にのみ込まれること無く高付加価値を産出している。

後述するが，建設機械（以下，建機）を製造する株式会社小松製作所（以下，コマツ）は，建機のみならず情報サービスも提供することで高い付加価値を生み出している。IoT技術によってクラウドに接続させた建機から，稼働状況，建設現場の状況などの情報を取得し，故障予知や建設現場のオペレーションの最適化といった情報サービスを顧客である建設会社に提供している。

このような，産業構造において独自のポジションを確立し，自己の強みを発揮できる企業は高付加価値を産出することができる。

1993年以降，IBMはハードウェアからソフトウェアへと事業領域（ドメイン）のシフトをおこなった。IBMのハードウェアで残っているのはごく限られている。製造業からソリューション，システム開発といったサービス業へと事業変革を成功させた。ドメインを再設定し，組織を変革することにより内部環境を刷新した。激変する外部環境に適応し生き残るために変化したのである（**図表3-3**）。

産業構造の中流に位置する典型である，洗濯機や冷蔵庫などを製造する日本の白物家電メーカーは，数年前まで世界で圧倒的な存在として君臨していたが，一部の高付加価値を生むメーカーを除き今日では淘汰の波にもまれている。新興国のメーカーよって製造された低価格商品によって市場が席巻されているからである。

この背景には，日本国内と国外の賃金格差や，新興市場における安価な白物

▶ 図表3-3　スマイルカーブと課題解決

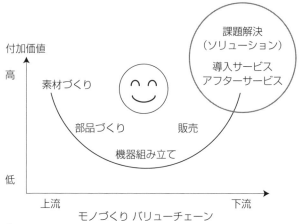

出所：筆者作成

▶ 図表3-4　白物家電のビジネスのSWOT分析

① 機会（Opportunity）
　市場：新興国市場の高所得者層の増加，IoT化の進展，脱コモディティー化
② 脅威（Threat）
　競合：新興国メーカーの低賃金労働力を活用した低価格品の製造力，販売力，資本力の向
　　　　上
③ 強み（Strength）
　国内メーカー：高い技術力，高品質製品力，IoT化への対応力
④ 弱み（Weakness）
　国内メーカー：国内の高賃金労働力（国内外の賃金格差），中・高価格品販売傾向

出所：筆者作成

家電への増大する需要や，新興国におけるメーカーの競争力の強化がある。このような外部環境を企業単独でコントロールすることは困難である。これに対処すべく内部環境を整備し，国内で安価な労働力を確保し，賃金格差を解消することは至難の業と言えよう。

　この白物家電のビジネスにSWOT分析を用いると，**図表3-4**となるであろう。そして，このような外部・内部環境分析から整合性の探索へと進む。

▶ 図表3-5　戦略策定のプロセス

① 外部・内部環境分析を行う。
　競合，経営資源の強み・弱み，市場での機会・脅威を把握する。
② 経営理念（目的）を策定する。
③ 経営目標を策定する。
　経営目的を果たす上で達成するべき経営目標を，具体的な数値に落し込む。
④ 経営戦略を策定する。
　事業戦略，競争戦略，機能別戦略
⑤ 経営システムを設計する。
⑥ 実行に移す。
⑦ 「Plan-Do-Check-Action」のサイクルの中で，マネジメントする。

出所：筆者作成

▶ 図表3-6　戦略策定のプロセス図

出所：筆者作成

1.4　経営戦略策定のプロセス

　以上から，実践的かつ合理的な戦略策定のプロセスは**図表3-5**，**3-6**となろう。

2　経営理念と経営戦略

2.1　経営理念の策定

　最上位の経営目的である経営理念をいかにして策定するか。それにはまず，これから始めようとする事業を何のためにおこなうのか，すなわち当該事業の目的は一体何なのかを示す必要がある。ここには，企業トップの思いや，企業として将来こうありたいという未来像が描かれていることが大切である。この思いを社員と共有し組織文化を育むことが企業にとっての持続的な強力なパワーとなる。

ここでは経営理念を次のように定義する。

> 「経営理念」とは，組織の目的を示し，理想，信念，価値観，行動規範を含む組織の中核となる思想である。

　外部環境に内部環境を整合させコントロールする経営理念（目的）を策定することが必要となる。また後述する経営戦略における事業領域（ドメイン）の再設定に大いに関連する。

　では経営理念（目的）はどのように策定されるべきだろうか。ここで，経営理念（目的）を策定するのに役立つ方法を紹介する。目的を上位概念に求めるワークデザイン法である（第7章で詳述）。最初，小さな目的から出発する。次に，その目的は何かとできるだけ少しずつ細かく上位の目的を考える。これを繰り返して，上位概念となる目的を探索する。例えば，常日頃のモノやコトを作る目的は何かと考える。次にその上位の目的は何かと少しずつ階段を登るように探索する。これを繰り返すことにより，事業を遂行する本来の目的は何かと，事業目的を上位概念へと未来思考で展開する。これによって経営理念（目的）を探索する。

　例えば洗濯機を製造する企業が，その事業目的を上位概念に求めたケースを考えてみよう（**図表3-7**）。ここでは，モノやコトを作る機能から目的を考えると分かりやすい。「F」は，機能（Function）を表す[2]。

　この企業が「F8：人々の健康で衛生的な生活を創造する。」を上位の遂行すべき事業目的として選択すると，「当社は，人々の健康で衛生的な生活を創造します。」と組織の内外に経営理念（目的）としてかかげ発信することができる。

2.1.1　経営理念（目的）と事業戦略との関係

　「F8：人々の健康で衛生的な生活を創造する。」という経営理念（目的）を選択した企業があるとしよう。この事業目的の展開では「F1：洗濯機を製造

> **図表3-7** 事業目的の上位概念への展開例

　　　　F1：洗濯機を製造する
　　　　　↓　その目的は
　　　　F2：洗濯機を使ってもらう
　　　　　↓　その目的は
　　　　F3：繊維に付着した汚れを取り除いてもらう
　　　　　↓　その目的は
　　　　F4：繊維を元の通りの清潔さに戻してもらう
　　　　　↓　その目的は
　　　　F5：繊維を衛生的に保持してもらう
　　　　　↓　その目的は
　　　　F6：人々に衛生的な衣類を着てもらう
　　　　　↓　その目的は
　　　　F7：人々の衛生的な生活を創造する
　　　　　↓　その目的は
　　　　F8：人々の健康で衛生的な生活を創造する

出所：筆者作成

する」から出発している。さて，その上位目的であるF8から下位目的を見下ろすと，これらの目的を達成するためには必ずしも洗濯機を製造する必要が無いことに気づくであろう。

　「F8：人々の健康で衛生的な生活を創造する。」ためには，下位目的である「F3：繊維に付着した汚れを取り除いてもらう」事業でも，「F6：人々に衛生的な衣類を着てもらう」事業でもF8を達成することができる。このような上位目的から下位目的を眺めると，下位は上位を達成するための手段としての展開になっていることが分かる。経営戦略の策定にあたっては，この視点から俯瞰することが大切である。上位目的である経営理念（目的）を達成するためには，その手段としての経営戦略の候補を，下位目的の中から選択することができる。F3ならば「衣類のランドリー・サービス」，F6ならば「衣類のレンタル・サービス」などの事業でもできる。

　「F1：洗濯機を製造する」ならば製造業であり，「衣類のランドリー・サービス」や「衣類のレンタル・サービス」はサービス業である。

▶ 図表3-8　事業手段の下位概念への展開

F8：人々の健康で衛生的な生活を創造する。
　　　↓　その手段は
① 洗濯機の製造
② 衣類のランドリー・サービス
③ 衣類のレンタル・サービス

出所：筆者作成

　すなわち，**図表3-8**のようにF8を達成するための具体的な手段を見出すことができる。

　「①洗濯機の製造」をおこなうとしても，誰のために，どのような洗濯機を，どこで作るのかを決める必要がある。例えば，一般家庭のユーザーが，家電量販店やネットで購入でき，簡単に使用できる，お手頃価格の洗濯機を，東南アジアで製造する。とするならば，いわゆる白物家電の市場での激しい競争を勝ち抜く戦略が必要となる。他に追随を許さない技術や，生産拠点の地政的優位性や，生産コストの優位性などによって，いかにして優位性を持続的に発揮できるかが焦点となる。つまり，上述のSWOT分析における「強み」をより強化する必要がある。

　また，例えばランドリー・サービスを提供する企業が，一般家庭の衣類のクリーニングのために，B to Bで購入する，専門技術を必要としない，5年リースで採算の合う価格の業務用の洗濯機を日本で製造する，とするならばこの戦略は上記とは全く異なる。

　さて，上記②③はサービス業としてのサービス提供である。「②衣類のランドリー・サービス」では，誰のために，どのような衣類のランドリー・サービスを，どこで提供するのかを決める必要がある。しかし，洗濯機を製造する必要や，それを保有する必要は必ずしもない。例えば，主婦に代わって，一般家庭の衣類のクリーニングを，低価格で宅配を利用して提供するとしよう。この場合，洗濯機を購入する必要は必ずしもない。借用する，共同使用する，ク

リーニングを外注するなどして洗濯機を保有しないでサービス提供することもでき，またこれによって投資コストを下げることもできる。「③衣類のレンタル・サービス」では，B to Bの企業に，業務用のユニフォームや作業服のクリーニングを，個別に回収配達して提供するケースが一般的である。ここでも，上記同様に洗濯機を購入する必要は必ずしもない。

「①洗濯機の製造」「②衣類のランドリー・サービス」「③衣類のレンタル・サービス」の目的は経営理念である「F8：人々の健康で衛生的な生活を創造する」に合致する。この目的を達成する手段として製造業とサービス業から3種類を例示した。

ここで洗濯機の製造と，サービスの提供の双方をおこなう企業が実在するので，以下紹介する。

2.2　ケース：TOSEI

2.2.1　沿革

株式会社TOSEIは従業員数265名（2017年4月），年間売上105億円（2016年3月）で，本社を静岡県伊豆の国市に置く，昭和25年創立の非上場企業である。同社は，真空包装機や工業用部品の洗浄機器の製造・販売もおこなうが，業務用クリーニング機器の製造・販売に定評がある。コインランドリー事業を手掛ける東芝テックグループのテックアプライアンス（東京都品川区）と2017年4月に合併し，事業拡大を図る[3]。

2.2.2　コインランドリー

女性が社会進出しライフスタイルが変化していることにより，洗濯にかける時間と労力を減らしたいというニーズが増えていると言えよう。

洗濯物を短時間に効率よく洗いたい。外に干すと雨や花粉が気になる洗濯物を短時間に簡単に乾かしたい。また一般家庭ではなかなか洗えない布団や羽毛布団を安価で簡単に洗いたいといったニーズに応えるコインランドリーが急速に普及している。総店舗数は約18,000店　（Yahoo News Japan, 2017.02.14）と

大手コンビニチェーンに匹敵する。

　安全・安心なドアロックを掛け，洗濯から乾燥まで入れ替えなしで約1時間といった最新型の業務用洗濯機を配置している店舗が人気を集めている。

2.2.3　経営理念

同社は次の経営理念をかかげている。

> 経営理念（一部抜粋）
> 1．当社は製造業を手段とし，サービス業を目的とする。
> 2．社員一人ひとりが，人間としての智慧を出し，創意工夫をしていこう。
> 3．すべてのことに前向きになろう[4]。

　同社はサービスによる価値提供を目的とする。そのための手段として製造をおこなうと明言している。

2.3　事業戦略と競争戦略の明確化

　事業戦略は経営戦略における事業領域（ドメイン）を明確化する基本設計図である。どこで戦うのか，市場の構造や特性と整合しているかを具体的に示す。競争戦略は，競争相手を負かす手段を明確化する設計図である。ライバルを相手にいかに有利に競争を勝ち抜くかを示す。

2.3.1　事業戦略

　事業戦略は，展開する事業領域（ドメイン）を明確化する基本設計図である。どこで戦うのかを具体的に示す。複数の事業からなる規模の企業では，全社の事業領域（ドメイン）をどの範囲にするかを全社戦略として定める。そして複数の事業間で効率的に経営資源を配分し，相乗効果（シナジー）を高めるように最適化を図る。

2.3.2　顧客価値と機能のマトリクス

「どこで，誰に，何を，どのように」売るのかは，最も基本的な命題である。イゴール・アンゾフは，「どこで＝市場，何を＝製品」について，製品と市場の軸を用いて次の「成長マトリクス」を示した（**図表3-9**）。

この「成長マトリクス」は主に製造業で用いられてきたと言えよう。

これに対して，内部環境の経営資源・経営システムがどのような機能を発揮できるかに注目し，顧客価値と機能の視点から事業の成長を捉える。

顧客価値と機能を"既存"と"新"に分けて，**図表3-10**のようなマトリクスにする。

これに，TOSEIのケースをあてはまると**図表3-11**のようなマトリクスとなる。

この例において分かるように，経営資源・経営システムが発揮する機能の優位性がモノづくりよりもサービスにあるようなケースでは，サービス機能を既存・新顧客価値の生産へと向ける競争戦略をとることも考えられる。

TOSEIの経営理念（目的）には，「当社は製造業を手段とし，サービス業を目的とする。」がある。同社は優れた業務用の洗濯機を，手段として製造する。その目的として，他の追随が困難なランドリー・サービスを提供する。

▶ **図表3-9**　アンゾフの成長マトリクス

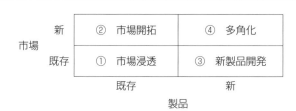

① 既存市場に既存製品をさらに販売して事業を成長させる「市場浸透」。
② 新市場に既存製品を販売して事業を成長させる「市場開拓」。
③ 既存市場に新製品を販売して事業を成長させる「新製品開発」。
④ 新市場に新製品を販売して事業を成長させる「多角化」。

出所：Ansoff, H.I.（1965）をもとに筆者作成

▶ 図表3-10　顧客価値と機能の成長マトリクス

	機能 既存	機能 新
顧客価値 新	② （既存・機能による） 新・顧客価値開拓	④ （新・顧客価値への） 新・機能多角化
顧客価値 既存	① （既存・機能による） 既存・顧客価値拡大	③ （既存・顧客価値への） 新・機能開発

① 既存・顧客価値に既存・機能をさらに発揮して事業を成長させる「既存・顧客価値拡大」。
② 新・顧客価値に既存機能を発揮して事業を成長させる「新・顧客価値開拓」。
③ 既存・顧客価値に新機能を発揮して事業を成長させる「新・機能開発」
④ 新・顧客価値に新機能を発揮して事業を成長させる「新・機能多角化」。

出所：筆者作成

▶ 図表3-11　顧客価値と機能の成長マトリクス（TOSEI）

	機能 既存（製品）	機能 新（サービス）
顧客価値 新	（一般顧客用洗濯機能） 新・顧客価値開拓	（コイン・ランドリー・サービス） 新・機能多角化
顧客価値 既存	（業務用洗濯機能） 既存・顧客価値拡大	（業務用洗濯・サービス） 新・機能開発

出所：筆者作成

　TOSEIは単に製品を製造するのみではなく，下流の顧客に近いところで，顧客ニーズを満足させるようなサービスにより成功を収めている。製品のみならずサービスと一緒に価値提供することにより，コスト競争の波にのみ込まれること無く，高い付加価値を産出している。

2.3.3 競争戦略

競争戦略は，競争相手を負かす手段を明確化する設計図である。ライバルを相手にいかに有利に競争を勝ち抜くかを示す。

マイケル・ポーターは競争戦略を，次の3つのパターンに集約した（**図表3-12**）。

① コストリーダーシップ戦略

業界でのシェアが最大のトップ企業は，規模の経済性を活かして低コストで競争相手と同等のものを提供できる。業界トップの企業が採るべき戦略である。

② 差別化戦略

業界トップではない2・3番手の企業は，トップ企業が真似のできない差別化したものを提供する。トップ企業と同様のことをしても競争では負ける。

③ 集中戦略

トップ企業が参入してこない分野で，差別化できるものに特化して経営資源を集中的に投入する。隙間（ニッチ）で突出した強みを発揮する戦略である（Porter, M.E., 1980）。

例えば，白物家電業界においてコストリーダーシップ戦略をとるトップ企業は，ハイアールである。スケールメリットを活かして低コストでコモディティー化した洗濯機や冷蔵庫などを製造している。これに対しパナソニック，日立アプライアンス，三菱電機といった2・3番手の企業が対抗しているが，高・多機能化といった差別化戦略を打ち出してはいるものの決め手に欠けてい

▶ **図表3-12　3つの基本戦略図**

広いターゲット （業界全体）	コストリーダーシップ戦略	差別化戦略
狭いターゲット （特定分野）	集中戦略	
	（コスト集中戦略）	（差別化集中戦略）

出所：Porter, M.E.（1980）を基に筆者作成

るのが現状である。

上述のTOSEIは，洗濯機の製造というドメインにおいて集中戦略をとった。業務用洗濯機の製造に特化するとともに，コインランドリーの市場を開拓し自社製品を提供している。激しい競争を繰り広げている白物家電業界と一線を画し，異なるセグメントを選択し開発している。

このTOSEIの例でも分かるように，経営資源・経営システムが発揮する機能の優位性がモノづくりよりもサービスにおいて発揮されるようなケースでは，サービス機能を優先する競争戦略も考えられる。

例えば，経営理念（目的）を「当社は，人々の健康で衛生的な生活を創造します。」として経営戦略を策定するにあたっては，必ずしも洗濯機を製造する必要性は無いが，「洗濯機の製造プラス他に追随を許さない付加的サービスの提供」を競争優位とする選択肢もある。

次のケースで登場する建機メーカーのコマツは，建機のみならず情報サービスを提供することで差別化戦略をとる。IoT技術によってクラウドに接続させた建機から，稼働状況，建設現場の状況などの情報を取得し，故障予知や建設現場のオペレーションの最適化といった情報サービスを顧客である建設会社に提供する。産業構造において独自のポジションを確立し，自己の強みを発揮することで高付加価値を産出する。

2.4 ケース：コマツ

2.4.1 沿革

株式会社小松製作所（コマツ）は1921年に創業し東京に本社を置く日本を代表するグローバル企業である。売上高１兆8029億9千１百万円（連結2017年３月期）の中で建機・車両が88％を占める。中国の建設ラッシュで売上を伸ばし，最大手である米のキャタピラーの業績に迫っている[5]。

2.4.2 経営理念（経営の指針）

「常にお客さまの立場を考え，安全で，環境に配慮した創造的な商品・サー

ビスとシステムを提供するとともに，お客さまに最適な問題解決方法（ソリューション）を提供する。」「ダントツ商品，ダントツサービス，ダントツソリューションの開発，導入を通じて，お客さまの現場をお客さまとともに革新し，新しい価値を創造するイノベーションを提供していきます。」[5]

2.4.3 コムトラックス

上記のダントツサービスであるコムトラックスは，機械稼働を管理するサービス・システムである（**図表3-13**）。建機の情報をリアルタイムで正確に把握することができる。建機に取り付けられたセンサやGPS（全地球測位システム）や通信システムが，建機の位置，稼働時間，稼働状況などの情報をコマツのサーバに送信する。取得された情報から，燃料残量，エンジン負荷状況，故障状況といった，いわば建機の健康状況をリアルタイムで分析することができる。

この高付加価値を生むサービス・システムによって，コマツは中国を中心に売上を伸ばし，価格競争に巻き込まれずシェアを伸ばした。このシステムが，

▶ 図表3-13　コムトラックス

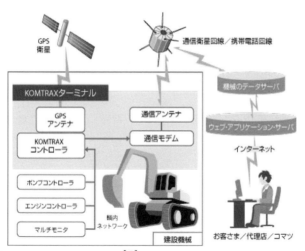

出所：株式会社小松製作所　ホームページ[5]

顧客の保有建機の保全や稼働率向上や維持費の低減などに活用される。

まず保全では，特に盗難防止に威力を発揮する。取り付けられたセンサやGPSが建機の正確な位置情報を発信するので，盗難にあったとしても確保しやすくなる。また，通常の稼働時間外に機械を発信させるような盗難の可能性の高い場合には，遠隔操作で作動できなくすることも可能である。

次に稼働率向上では，稼働中の建機の健康状態が分かるので具合が悪くなる前に，予防処置をとることができる。部品交換や保守・修理をタイムリーにおこなうことにより，結果としてメンテナンスコストの削減を可能にする。そして維持費の低減では，燃料残量，エンジン負荷状況が分かるので，燃費やエンジン負荷効率を上げる方法についての顧客へアドバイスを可能とする[5]。

2.4.4 サービス提供による差別化戦略

コマツは，コムトラックスという機械稼働を管理するサービス・システムによって，稼働率や燃費の向上，メンテナンスコストの低減といった付加価値を顧客に提供した。顧客は使用開始から廃棄までのトータルコストの低減という大きなメリットを提供された。一般的に建機のトータルコストには，本体価格の3倍のメンテナンスコストが含まれると言われている。メンテナンスコストが割安ならば，本体価格は他社と比較して多少割高でも結果として安くつく。コマツはここを顧客に納得させた。

また，コムトラックスは，情報処理を主体とするサービス・システムである。膨大な建機稼働に関する情報がコマツのサーバに送信され処理される。この貴重な情報を建機の性能や稼働の向上に役立たせることができるので，これを入手できない他社との差別化を進行させることができる。

これが，コマツの差別化戦略であり，トップ企業がコスト優位戦略をとったとしてもコマツが競争優位性を発揮することができる源泉である。

2.5 機能別戦略

先述のように機能別戦略は，各事業に対応した研究開発・購買・生産・販

売・サービス・マーケティング・財務・人事などの各機能別レベルでの戦略である。

模倣困難性，差別化やコスト優位といった競争戦略の源泉となる。各機能を具体的に明確化する必要がある。したがって機能別戦略は，これらの各機能を組み合わせていかに効果的かつ効率的に発揮させるかの設計図である。

ポーターは，各機能の一連の組み合せを，付加価値を産出する「価値連鎖（Value Chain）」として**図表3-14**のように示している（Porter, M.E.（1985））。

ポーターは「モノづくりの流れ」に着目して，企業活動を主活動と支援活動に分けた。これにマージンを加えて全体の付加価値を示している。主活動は，部品や原材料などの購買物流，製造，出荷物流，販売・マーケティング，アフターサービスなどがある。主活動を支える支援活動には，人事や経理，技術開発などの間接部門がこれにあたる。事業活動を機能別に分類することで，付加価値を産出している機能や，競合との比較で強み・弱みがある機能を分析する。そこから事業戦略の有効性を探索することができる。

さて機能別戦略における基礎となるのは次の3つである。

① **資源管理**

資源管理は，ヒト・モノ・カネ・情報を調達して配分するための役割である。資源管理については，第4章と第7章で詳しく述べる。

▶ 図表3-14　**価値連鎖図**

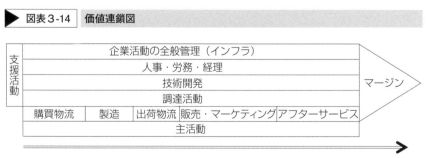

出所：Porter, M.E.（1985）を基に作成

② 技術

技術は，製品を造りサービスを提供するために必要不可欠である。研究開発技術と生産技術とサービス・デリバリー技術の3つが，各事業に対応して必要とされる。

③ マーケティング技術

マーケティングは，製品やサービスを社会とコミュニケートし価値共創させる手段である。マーケティングについては第5章で詳しく述べる。

さて，事業・競争・機能別戦略の順に述べてきたが，「どこで戦うか」，「どのように競争で勝つか」,「各機能をどのように発揮するか」と順序立てて戦略を策定するとは限らない。

事業・競争・機能別の其々の戦略は密接に関連し相互依存している。相互の整合性を見極め矛盾が生じないように策定する必要がある。

経営戦略は経営理念（目的）という最上位目的を達成するための手段であると同時に，現場の業務プロセスといった手段にたいする目的でもある。目的にたいする手段は一つではなく，複数存在する。

経営の実行段階では「Plan-Do-Check-Action」のサイクルの中で，経営戦略の見直し，改善・改革も，手段の変更としてやむを得ない。これを健全にマネジメントすることが大切である。

[注]

[1] 『孫子』の作者：孫 武（紀元前535年?‐没年不詳）
[2] ワークデザイン法では，機能＝目的とする考え方に基づいて目的を探索する。
[3] 株式会社TOSEI（tosei‐corporation.co.jp）の記事および帝国データバンク企業情報
[4] 株式会社TOSEI（tosei-corporation.co.jp）の記事を掲載。
[5] 株式会社小松製作所（home.komatsu）の記事を掲載。

第4章 サービスの組織

1 サービスの人と組織

1.1 経営資源としての人と組織の強み

　機能別戦略の資源管理では内部環境を分析し，経営資源であるヒト・モノ・カネ・情報を最適に調達して配分することが求められる。

　ここでは，そのヒトと組織について考えていきたい。

　バーニー（1991）は，企業の競争力の源泉は経営資源であるとしている。資金・技術・人材・組織文化・ブランド・流通チャネルなどが，価値（Value）・希少性（Rareness）・模倣困難性（Imitability）があり，適切な組織（Organization）であること，すなわち「VRIO」が企業の強みを発揮し，経営資源の中で最も差別化の利く競争力の源泉は人であるとしている。

　また，バーナード（1938）は「組織は2人以上の人間の意識的に調整された活動や諸力の体系」と定義した。経営システムには，人々に分かりやすい形で組織における「共創」を促す仕組みが必要である。しかし「共創をいかにうまくおこなわせるか」は組織マネジメントの究極のテーマである。組織は2人以上の複数の人が仕事を分業することで始まる。分業はまず複雑な仕事を単純化することでできる。つまり単純化は，専門化をもたらす。これは長所である。しかし，単純化は単調化させる。単調な仕事は人を飽きさせ，思考能力を低下させる。その結果として外部との対応力，環境適応力を低下させる。

　これは生産性向上のジレンマでもある。生産性を向上させるため複雑な仕事

を分業化し単純化すればするほど,仕事に対する柔軟な環境適応力が低下し,結果として生産性が低下する。

また,分業のために人をグループに分けると対立し始める。セクショナリズムである。部門内では自部門のために最適化を図る人が,他部門に対しては非協力的に活動する。これが「部分最適化」であり,自・他部門をまたがる「全体最適化」には程遠い組織人が育ってしまう。

実は人は対立を好む。意識しなくとも,地域のお気に入りの野球チームを応援する。母国のサッカーチームを応援する。優勝すると歓喜し,敗退すると号泣する。敵対チームを応援する人は,相反する結果に相反する感情を示す。対立は自己の存在意識を高め,存在意義も確立させる源泉となるパワーとなる。このパワーを活力の源泉とし,グループ間で競争させる組織管理法は枚挙にいとまない。

松下電器産業(現パナソニック株式会社)の事業部制や,京セラのアメーバ組織はこの「競争エネルギー」を存分に活用してきた。しかし異動や組織改革などにより,それまで非協力的に接していた他部門に配属になった人は,その環境に適合できなくなるという短所が現実となる。全体最適化には程遠い組織

▶ 図表4-1　マズローの欲求階層説

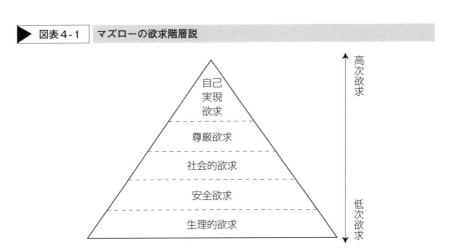

出所:筆者作成

人を育てた結果である。新たな環境に立ち向かう戦略を実行するための組織構造はどうやら「正解が一つ」とは言えないようである。

マズローの「欲求階層説」[1]によれば，人間の欲求は「生理的欲求」を除くと「安全欲求」も，人との関係性が欲求満足の源泉であり，「社会的欲求」，「尊厳欲求」，「自己実現欲求」もすべて集団の存在を前提としている（**図表4-1**）。したがって，「社会的欲求」，「尊厳欲求」，「自己実現欲求」を満足させ，組織における人との関係性をコントロールさせる経営システムを設計することができれば，バーニーの説く「経営資源の中で最も差別化の利く競争力の源泉」としての「人」が育つと言えよう。

1.2 チェンジ・マネジメント

現在すさまじいグローバル競争がおこなわれている。外部環境が激変すると，自社はどうあるべきか，何をすべきかとビジョンを見つめ直す必要に迫られる。ドメインを再設定し，内部環境を再設計することにより，グローバル競争に耐えられる戦略の策定が求められる。

大きな業務改革や組織改編がおこなわれるときに，従業員に内部環境の変化を受け入れやすくする手法がチェンジ・マネジメントである。急速な内部環境の変化についていけずにやる気を失う従業員が出ないように，新たな経営理念や，戦略の目的を示して変革の意義を従業員に浸透させる。

一般的に，大きな変革には従業員の抵抗が伴う。「対応の仕方が理解できない。」，「慣れた環境を変えないで欲しい。」といった抵抗には，相互理解を深め参画意識を高めることによりモチベーションを向上させることが大切である。特にサービス業には，チームワークの基盤となる顧客にとっての価値を高めようとする組織文化が必要である。このような相互協力的な基盤を形成することにより，組織全体が改革に向けて結束していくことがチェンジ・マネジメントのカギとなる。

サービス業では顧客に接することにより，仕事のやりがいを感じ達成感を得られるような組織作りが求められる。能力を伸ばすための適材適所の人員配置

や教育機会の提供，気づきを与える評価，将来に期待をもてるキャリアデザインなどの人事システムにより，人材の成長および組織力の発展が期待される。

サービス・マネジメントにおいては，組織構成員が顧客と接してサービス提供するビジネスが多い。ここでは，組織構成員である人の心理と経営システムが整合していることが求められる。個人が顧客に接するサービス品質において競争戦略を設計するのであれば，おのずから組織構成員の心理をコントロールする経営システムの重要性が高まる。個人に組織目的に適した高品質のサービスを提供してもらえるか，複数の人が組織目的と整合するように共創してもらえるかと巧みに設計する必要がある。

それでは，どのような組織設計がサービス業に適するのであろうか。

1.3 サービス・プロフィットチェーン

例えば，サービス・プロフィットチェーンを設計するとしよう。

サービス・プロフィットチェーンとは，ヘスケット（1997）らによって示された[2]。従業員満足・顧客満足・企業業績の因果関係を表したモデルである（図表4-2）。

サービス品質を維持管理し，顧客ロイヤリティーを長期にわたり獲得することを戦略とする。そのために顧客志向の組織文化を醸成することを中心にした

▶ 図表4-2　サービス・プロフィットチェーン

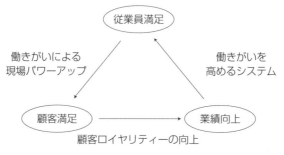

出所：筆者作成

経営システムを造る。そして経験的組織学習において接客態度訓練を反復しておこなうことにより，結果として従業員満足・顧客満足を高める。

　従業員の働きがいと全社意識，それを育む組織文化が，顧客と直に接する従業員の創意と誠実さを育む。一方では従業員の定着率とスキルの向上が進む。これらのシステムにより接客の質を高めることで顧客満足を高める戦略である。

　このスパイラルが競争戦略として優位性を発揮し企業業績を押し上げる。この利益から評価と動機付け（インセンティブ），人材育成と人事政策を強化し，教育システムや内部サービス・システムをレベルアップさせる好循環のスパイラルに至る。

　サービス業では，顧客接点の最前線となる従業員の働きがいや全社意識が，顧客へのサービス品質に大きな影響を及ぼす。したがって競争戦略では大切となる要素である。

　この中核となる原理とは何であろうか。サービス・マネジメントでは，特に顧客に接する個人個人の能力や努力を引き出すシステムが組織にとって必要である。そのためには，組織的に能力と意欲を高める設計を施しておくことが大切である。

　山根（2003）は「業績＝環境×工夫×情熱」が，「業績を高めるメカニズム」の算式であるとしている。そして次の問を発している。

　① **環境**

　環境を凝視することは，エネルギーを消費し面倒であり，人は自己の世界に閉じこもりがちである。

　② **工夫**

　工夫すること自体は面白いが，新しいやり方で失敗することを人は好まない。

　③ **情熱**

　組織に情熱があれば業績が上がることは公知であるが，人には好き嫌いがあり，情熱に火を灯すことは簡単でない。情熱は冷めやすく，ずっと持ち続けるのは困難である。

　サービス・マネジメントにおいては，トップ自らが外部環境を凝視して問題

提起し，内部環境と整合させるべく工夫を重ね，組織の個々人に情熱を傾けさせることが必要となる。すなわち，外部環境と内部環境とを整合させるべく，戦略および経営システムに工夫を凝らし，組織が情熱をもって目標達成に意欲を燃やすような経営システム設計が必要である。

特に人に依存するサービス業の業績は，工夫を凝らし情熱を傾ける組織構造，組織文化，リーダーシップ，育成・人事，インセンティブの設計に大きく影響を受ける。

バーナード（1938）は，組織を「意思決定の分業化された体系」と説いた。その後サイモン（1947）はこれに続いて，組織構成員が意思決定するには「価値前提」と「事実前提」が必要であるとしている。組織設計においてはシステムの要素として組み込んでおく必要がある。

価値前提は，当該事業の目的は一体何なのかを示すことである。組織の最上位の価値前提は経営理念（目的）であり，組織構成員が共有すべき価値観である。「○○を△△する」として組織構成員が疑問を差し挟むことの無い前提条件である。三段論法の大前提A＝Bにあたる（三段論法では，大前提A＝Bであり小前提B＝Cならば，結論A＝Cとなる。）。

例えば，マッサージ・サービスを提供する店が「当マッサージ店は，お客さまの心と体を健康にします。」という経営理念（目的）を価値前提としてかかげたとしよう。このスタッフが「何でマッサージ・サービスを提供すると，心まで健康にできるの？」と疑問を差し挟んではいけない。何故ならば，A＝Bが崩れる。共有されるべき価値前提にほころびが出るからだ。

三段論法では，A＝BでありB＝Cならば，A＝Cとなる。しかし，A≠CならばB≠Cではないのかと疑ってかかる。昔はA＝Cであったが，最近はA≠Cである。だから，B≠Cではないのかと考えるのは当然である。組織にとっては健全であり，また必要である。

例えば，「当マッサージ店は，お客さまの心と体を健康にする。」「お客さまは心と体が健康になる。だから待っても良い。」したがって，「当マッサージ店はお客さまを待たせても良い。」としていた。しかし，あるお客さまが1時間

待つなんて，そんなには待てないと怒って帰ってしまったというケースを考えてみよう。

　ここでは，
　　価値前提A＝B：当マッサージ店は，お客さまの心と体を健康にする。
　　事実前提B＝C：お客さまは心と体が健康になる。だから，待っても良い。
　　所与条件A＝C：当マッサージ店は，待たせて良い。
において，
　　所与条件A≠C：当マッサージ店は，1時間も待たせてはいけない。（お客
　　　　　　　　　さまは怒ってしまった。少なくとも心は健康にならな
　　　　　　　　　い。）
が現実問題となる。

　ここから，B＝Cは，本来B≠Cではないかと考え，「お客さまの心と体を健康にするとしても，1時間も待たせてはいけない。」というお客さまのマイナス反応を組織にフィードバックする。このような，常に事実前提を考えながら環境と整合するように，組織が情熱をもって創意工夫するシステムを設計する必要がある。

1.4　エンパワーメント

　エンパワーメントとは，権限移譲の下で意思決定や自主的活動の自由を組織構成員に与えることである。エンパワーメントが組織内で適切におこなわれると組織構員のモチベーションが高まる場合が多い。

　ただし，エンパワーメントと責任の範囲はどこからどこまでかと明確にし，これに内部環境を整合させる必要がある。

　例えば，エンパワーメントを受けた組織構成員が，「自分で決めることができる権限（自己決定権限）」と，「自分で決めることができる能力（自己決定能力）」を持ち，自律的に業務内容と業務方法を決定し，他の組織構成員に影響力を及ぼしモチベーションを高めながら，高い業務目標を情熱的に達成していくのであればこのエンパワーメントは成功である。

その組織構成員には高いコンピテンシーが必要である。その人材を常にモチベートし続けるリーダーシップや、業績を正当に評価するインセンティブや組織構造、そしてそれを是とする組織文化が内部環境として必要である。

エンパワーメントしたとしても細かく指示を与え、少し業績が下がると責任を追及し、他の組織構成員に影響力を及ぼすことを疎ましく思う上司。その業績を正当に評価しないインセンティブなどはエンパワーメントと内部環境が整合していない例である。

エンパワーメントでは権限移譲を促進するリーダーシップが適している。民主的な意思決定プロセスを通じて部下の自律的活動を評価する。戦略遂行に経営資源が不足な場合は可能な限り支援するようなリーダーシップが求められる。そして、高い業務目標を達成したあかつきにはその工夫と情熱に報いるインセンティブが活かされれば、さらに　工夫と情熱の上昇スパイラルを加速させようとするモチベーションが高まる。

サービスには、生産と消費の同時性と、顧客との協働という特性がある。顧客に接する組織構成員は、現場にて程度の差があるとしてもエンパワーメントされている。このサービスの生産と消費の瞬間に、いかにモチベーションの高い組織構成員が情熱をもちサービス提供するかという課題に対して、エンパワーメントを活かす設計の基に経営システムを造ることが大切である。

このようなチェンジ・マネジメント、サービス・プロフィットチェーン、エンパワーメントなどを導入して、人や組織が自律的に行動することを促進する。結果として全体が活性化するという「自律的組織行動による活性化システム」についてケースから考えてみよう。

2　サービスにおける組織のケース：星野リゾート

ここでは、山根（2016）のケースを応用しサービスにおける組織の在り方を考察する。リゾート型ホテルを中心に展開する株式会社星野リゾート（星野リゾート）は、星野佳路社長のリーダーシップのもとで"サービス・プロフィッ

トチェーン"や"エンパワーメント"を見事に実践している。また再生案件においては，旧経営陣のマネジメントから星野流・マネジメントへと"チェンジ・マネジメント"が円滑におこなわれている。これらを当ケースで具体的に紹介する。

2.1 顧客と社員の両方をもてなすプロ

　北海道のアルファリゾート・トマム（現・星野リゾート・トマム）は「バブルの遺産」と呼ばれ，かつて経営破綻に追い込まれた大型スキーリゾートである。ここに星野リゾートが運営を受託した後，誕生した集客の目玉がある。それは「雲海テラス」と名付けられた，ゴンドラで登ったトマム山頂近くにあるカフェ付き展望台である（**図表4-3**）。夏季の早朝，天候に恵まれれば壮大な雲海を眼下に眺めながら，テラスでコーヒーが飲める。外国人観光客からの評価も高く，人気絶頂である。

　同社が手がけるプロジェクトは，再生案件が多い。かつて1980年代にリゾート開発が一大ブームとなったが，1990年にバブル経済が崩壊すると，地方のリゾートホテルや旅館が次々と潰れていった。星野のもとにはそうした再生案件が持ち込まれるのである。

▶ **図表4-3** 雲海テラス

出所：Japan Info（find-travel.jp）

星野は「再生を成功させるポイントは?」と聞かれて，次のように答えている。

> まず，将来どんな会社になりたいかを全員に明確に示します。…第2に，経営者が，その将来像に最短距離で向かおうとする，本気の姿勢を約束します。目標に到達するためには1円も惜しまない代わりに，1円も無駄にしないことを誓うのです。…最後に，これが最も重要だと思うのですが，社員が楽しく仕事ができる環境を提供します。どうしたら皆が仕事を楽しめるか，それを追求しています。
> 　　　　　　　　　　　　　　　　　　　　　　　　　　　　山根（2016）

　第一のポイント「将来どんな会社になりたいか」を示すとは，何か。それは経営理念（目的）と経営目標を社員の隅々まで共有することである。
　一般に，我が国のホテル旅館業は生産性が低いと言われてきた。特に日本では旅行が休日に集中するため，宿泊施設のキャパが埋まる日数は年間わずか100日程度しかない。施設の稼働日が少ないので働く社員もパートが多い。そして役割分担も決められているので労働効率が低く給与も安い。したがって，労働生産性が低い。
　再生案件は業績不振に陥った施設なので，社員の不満レベルが一層深い。彼らの声を聞けば「給与が安い」とか，「休みが少ない」などといった声がまず出てくる。しかし事業再生のためには，利益が出てくるまでは給与や休日には手が付けられない。
　したがって星野は，どんな会社になったら一流企業と待遇面で肩を並べられるのか，まず示す。経営理念（目的）と経営目標にこだわるのだ。
　経営理念（目的）と経営目標には目指すべき数値目標が決められ，その実績数値も全社員がいつでもリアルタイムで見られるようになっている。業績数値や顧客満足度調査の結果などが社内にオープンになっているのだ。だから社員の改善努力の結果は，手に取るようにわかる。
　第2のポイントである「本気の姿勢を示す」は，星野の日頃の立ち居振る舞いに表れている。星野のトレードマークはTシャツにスニーカーである。この

格好でどこへでも行く。社長専用の社用車はない。移動は電車を使い，都内では自分の自転車で移動することも多い。本社や各拠点に社長室はない。これは経営陣もビジョン達成のために1円も無駄にしないという明快な社内へのメッセージになっていると思われる。

　もしこれから再生をスタートする施設に星野が乗り込む際に，高級スーツで身を固め，黒塗りの豪華な社長専用車から秘書と共に降りて来たら，施設の従業員たちはどう思うだろうか。

　「特別な階級の人がやって来た！」，「自分たちは使われる身。どんな命令が下りてくるか」と戦々恐々となるかもしれない。あるいは「自分たちが働いても，どうせ高給取りの社長の経費に使われるだけ」と感じるかもしれない。この空気からは，少なくとも「会社のために働こう」という意欲は湧かないだろう。

　同社では，年に一回，各地区で「全社員研修」をおこなっている。その研修の日だけは施設を休業し，社員全員が参加する。会場でまず流れるのは，社員のユニークな表情をプロモーションビデオ風にアレンジした画像である。これは星野が自ら撮影したものだ。雰囲気が和んだところで，星野は経営理念（目的）と経営目標を確認する。そしてこれからの具体的な経営戦略や計画を数値も交えながら説明していく。

　経営理念（目的）と経営目標を社員と共有しようとする星野の姿勢は，半端ではない。例えば星野リゾートの社員になると，いろいろなグッズが配られる。その一つであるマグカップは「ビジョナリーカップ」と呼ばれ，カップの内側には「経常利益率」「顧客満足度」「エコロジカルポイント」の文字とそれぞれの数値目標が書いてある。そしてカップの底には「リゾート運営の達人」とある。お茶を飲み干すまでに，経営理念（目的）が確認できる仕掛けである。

　また「星野リゾート目覚し時計」は，「起きてください」の音声とともに顧客満足度以下3つの数値目標が音声メッセージで流れるようになっている。そしてアラームを完全に止めないと，「リゾート運営の達人を目指して，今日も一日頑張りましょう」という星野の声まで流れるようになっている。

　星野の姿勢は，どこまでも執拗だ。

2.1.1 社員が楽しく仕事できる環境を作る

　再生のポイントで最も重要なのは，３つ目の「社員が仕事を楽しめる環境を作る」ことだと星野は言う。多くの経営者が口にすることだが，人が楽しみながら仕事に打ち込めるようになるのは，自分が仕事を任され自律的に行動している時である。自分が考えた工夫を仲間と協力しながら実行し，良い結果が出て周囲から褒められた時，最高の達成感を感じる。

　これはマズローの「欲求階層説」が教える仮説である。この仮説は学問的には証明されていないのだが，実務家の直感によくなじみ広く使われる。

　この仮説によれば，人間の欲求は５段階に階層化しており，人々は低次元の欲求が満たされて初めて上位の欲求を求めるようになる，と言う。人々が利己的でなくなるためにはまず食料など生存に必要なもの，つまり「生理的欲求」や「安全欲求」が充足されなければならない。そしてこれらが満たされると，人はより高次元の欲求を求めるようになる。パンがなければ生きられないが，パンがたくさんあったら上位の欲求にシフトするというわけだ。それは次のような欲求である。

・「社会的欲求」＝集団に属し，気の合った仲間を求める
・「尊厳欲求」＝他人から尊敬され，自信や自由を求める
・「自己実現欲求」＝自己の能力の向上と実現を求める

　マズローは自己実現欲求を「自分がなりたいものになる欲求」といっているだけで，それがどんなものかは明らかにしていない。しかしヒトが燃えるのは，自分で何がしか「やった!」と実感する時であろう。こうした環境を提供できる経営者が，人を最も活性化させるのである。

>　仕事の現場で何が楽しくないかといえば，やることが決められていることだと思います。うちでは，やることを決めない，マニュアルがない。自分が関係する領域で，何をすべきかを自分で考え，好きなことをやる。もちろん，会社として将来像を示しているので，そこに近付くために好きなことをやっていいという意味ですが。
>
>　予算も示しません。社員が善かれと思ってやっても，後で上司に『こん

なお金の使い方をしたら，予算を達成できない』なんて言われたらつまらない。予算で行動を抑制することをしたくないのです。　　山根（2016）

　何と星野は，通常のホテルビジネスがおこなう，マニュアルや予算によるコントロールをしないのだ。
　再生案件をスタートするとまず星野がやるのは，全従業員に電子メールアドレスを持たせることである。旅館業界では，全員がメールアドレスを持って仕事することは珍しいのが実情だ。しかし同社では，言いたいことがあったら誰にでも，いつでもメールを送って良いというルールになっている。
　そして全従業員を集め，星野の言うセリフがある。同社は再生案件を引き受ける際，調査会社も使って徹底した市場調査をおこなう。そのデータを明らかにしたうえで，こう告げるのだ。

　　「皆さんが主役だということを忘れないでほしい。皆さんでこの施設の
　　コンセプトを決めてほしい。コンセプト委員会を立ち上げるので，ぜひ参
　　加してほしい」　　　　　　　　　　　　　　　　　　　　山根（2016）

　NHKの人気番組『プロフェッショナル　仕事の流儀』第1回（2006年1月放映）で，伊豆・伊東の高級温泉旅館「いずみ荘（現在の『界・伊東』）」の再生プロセスが映像になった。その中でコンセプト委員会が立ち上がって議論を始めたものの，従業員は戸惑うだけで口を閉ざすシーンが出てくる。
　星野自身は既に経験豊富なリゾートの達人である。奥深い多様な答えをだせる見識を身に付けているはずである。しかし番組の映像では，従業員が議論の雰囲気に慣れて口を開くまで，ジックリ待ち続ける星野の姿が映っている。マーケティング調査の結果を「いずみ荘クイズ」にして面白く見せながら，彼らに問いかけるのである。
　「これはどうしてなんだろう?」「〇〇さん，どうしたらいいの?」星野は意見が出ると，ノートやパソコンにメモする。それを整理して，議論が弾むように皆に見せ，話を発展させる。否定的な意見は一切言わない。そのうちに従業員

たちは星野に異議を唱えても大丈夫だと気づき始める。従業員の表情が明るくなり，議論が弾んでくる。ある従業員が言う。「こんなの初めての経験で楽しい。なんかイメージが湧いてきました」と。この映像を見ていて感じるのは，星野の忍耐力と粘り強さである。

現場の人が自ら答えを出せるようにならなければ，持続可能な組織にはならない。星野がいちいち答えらしきものを教えていたのでは，「雲海テラス」のような彼らの発案は生まれてこない。それではリゾート・ビジネスにならないのだ。

「経営者は知れば知るほど口を出したくなるものだが，知れば知るほど黙るのが，より良い姿だ」（ダイキン工業会長井上礼之の言葉）山根（2016）

まさに星野は，知れば知るほど黙る経営者だ。リゾート・ビジネスは顧客のおもてなしが仕事だが，星野は社員をおもてなしするプロフェッショナルでもあるのだ。

2.1.2 タヒチやバリでもコンセプト委員会

星野は「ベストなコンセプトを選ぼうとしないで，最も共感するものはどれか，考えてほしい」（山根（2016））と社員に語り掛ける。コンセプトで従業員に求めているのは，最も優れて見えるものではない。出てきたアイデアの中から，従業員が好き，あるいは共感できるものを決めてほしいと言う。

顧客満足度の高い接客サービスには，全員のチームワークが欠かせない。共感を呼ばない進め方では，従業員のベクトルが合わず接客はチグハグになる。それでは質の高いサービスにはならない。共感できないベストなコンセプトなど，何の意味もない。

有名旅館には必ず，顧客に対してきめ細かい目配りのできる女将（おかみ）がいるものだ。星野の目標はスタッフ全員を「女将」にすることだ。女将は顧客にベストと思うサービスを判断し提供する。女将はトップである。同じように同社の従業員も，サービスを意思決定するトップと言える。彼らがトップなら，支配人や経営者はトップをサポートする「従業員」に過ぎない。だから議論で結論を

出すのは彼らで，彼らこそ主役であり，星野はサポートするが「黙る」のだ。

　従業員がトップなら，自己実現欲求の得られる高いポジションを占めることになる。仕事は楽しくなるはずだ。これは「逆ピラミッド組織」と呼ばれる組織モデルである。この組織は，きめ細かい顧客対応がビジネスの決め手となるような，特にいわゆる高級サービスや高額品小売業（百貨店やブランドショップ）などで最も適すると考えられている。

　接客サービスでは，目の前にいる顧客が喜ぶと，従業員も心底うれしい。「とても心地よかったからまた来るよ」「あの気配りがうれしかった」，こうした顧客の一言が現場を勇気づける。現場の仕事のやりがいとなる。自分が主役という意識を持てれば，現場の自由裁量から創意工夫も生まれる。顧客の喜びが従業員の喜びとなり，上昇スパイラルで事業が伸びる道理である。

　同社にエンパワーメントがあり現場に裁量権が委ねられるのは，支配人を含めた責任者の選出も同じである。支配人や小集団のチーム責任者などは，基本的に立候補制をとっている。必要とあらば，責任者の交代は容赦なくおこなわれる。業績が安定してくると責任者の仕事もマンネリとなり，最初の頃の意欲や気迫がどうしても薄れてくる。自ら手を挙げた候補者は，「私が責任者だったらこうする」という戦略を全員の前で発表し，投票で決めることになっている。組織に緊張感を与え，中だるみが防げる。社員同士が切磋琢磨しつつ，変革の空気が生まれる。

　同社は今，海外の運営案件や新設プロジェクトを手掛け始めている。タヒチ・ランギロア島にあるリゾートは，既存施設の運営を委託された案件である。星野はここでもコンセプト委員会を立ち上げた。ホテル従業員を何人かのグループに分けて，「顧客にどんなサービスを提供すべきか。どのように喜ばせるのか」を話し合っている。

　彼らが選んだコンセプトは「打倒，ボラボラ」だった。彼らはタヒチの大リゾート・ボラボラ島に競争意識を持っていた。ボラボラに負けないリゾートを作りたいというのが彼らの情熱だった。

　事前の調査では「タヒチ人はあまり仕事をしない」と聞いていたが，星野は

議論が活発で従業員の働く意欲は強いと感じたと言う。

またバリでは「星のやバリ」を開設した。バリは欧米の一流リゾートホテルが立ち並ぶ激戦区である。そこで働く人々について,「バリ人は怠け者」とぼやくホテル経営者もいる。

開設計画で,まず星野はバリの生活文化や習慣を知ることから始めた。バリ人は祭りを最も大事にしている。お祭りの都合優先で仕事を辞めてしまう人もいて,それで仕事を怠けると思われているようだ。しかし祭りには特別の意味がある,と星野は知る。バリは行政機構が発達していないので,自警団を組織して村の治安も皆で守っている。共同体の団結がなければ生活が成り立たない。だから共同体の団結を維持するためにも,祭りが優先されるのだ。

星野は彼らの文化や習慣を尊重したいと,観光客を祭りに連れて行くプランを考えている。あるいは彼らに中長期の特別休暇を用意したりしてはどうかと考えている。欧米のホテルのように,バリ人が生活の糧を得るために言われたとおりに働くという形ではなく,自分たちが誇りとする文化を観光客に知ってもらうことで彼らの喜びややりがいにつながるのではないか。彼らの生活と仕事が共存できれば,顧客も従業員も共に喜び,最高のホテルになるのではないか。ここでも顧客と社員の両方を"おもてなし"したいというのが,星野の流儀なのだ。

「星野リゾートは欧米リゾートホテルとは一線を画し,地元の文化をサービスに落とし込む『日本旅館メソッド』で勝負します」と,星野は自らのブログに書いている。

世界でも星野メソッドが通用すれば,外資系ホテルが真似できない日本発の個性的な文化融合リゾートが生まれることになる。

「サービス提供の作業を分業化し,世界中で共通化するのが外資系ホテルのやり方。だが日本の旅館は部屋数が少ないため,外資流のサービス分業を導入しても,採算を取るのが難しい」

だから逆に,外資系ホテルは日本の旅館業に参入できない。とはいえ,日本

人のもてなしや礼儀作法は世界一と言われる割には,「世界で語られるようなホテルブランドが一つもない」と星野は嘆く。

2016年には「星のや東京」が東京駅近くにオープンした。「星のや東京」が成功しているので,尖った個性の「日本旅館メソッド」に世界のデベロッパーが注目し,進出の要請が来ることが予想される。星野が自社の将来像を例えてよくもちだすのは,「ホテル業界のトヨタ自動車になる」である。ホテル版トヨタとなって,世界に雄飛する星野リゾートを目にする日が遠からずやってくるかもしれない。

2.1.3 顧客満足度の高い旅館から潰れる実態

リゾート開発ブームが去った後,地方の高級なホテルや旅館がバタバタと潰れた。そうした施設の顧客満足度が低かったかといえば,必ずしもそうではない。むしろ「顧客満足度が高い施設から潰れていく」という実態があった。

日本のサービス業の経営者は誰もが「顧客満足が一番大切だ」と言う。だから顧客満足の旗印のもと,闇雲なサービス品質アップや過剰投資に走ってしまう。いきおい設備は豪華になり,食材は高級になり,人員がやたら増え始める。そして破綻へ一直線である。

しかし彼らは「どんな顧客に,どんな満足度を,なぜ高めなければならないか」を具体的に説明できないことが多い。経営を継続するためには儲けが必要である。利益と両立できない顧客満足度に意味はない。だから同社の達成目標は最初に利益率が来る。そして顧客満足度や環境経営が次に続く。利益率を省みない顧客満足や環境経営は,企業として継続できないからだ。

そしてこれらの数値の現況は,社内にいつもオープンになっている。顧客満足度の調査結果は「CRMキッチン」と呼ぶシステムを使って,スタッフの誰もがいつでも,経営情報とともに見られるようになっている。現場のスタッフは,顧客満足度の推移をリアルタイムに把握しながら,「なぜ満足度が低下したのか」「どんな改善策があるか」などを経営視点で考えることになる。

地方の老舗旅館やリゾートホテルは同族による家業経営が多い。同族の経営

陣が経営数値を見ることはできても，従業員が見ることはできない場合がほとんどである。同族経営では会社の経費と私費を公私混同しているケースが多いので，利益数値を従業員に知られたくないからである。だから「家業，生業」のままで，「企業」にはなれない。従業員が会社のために働く気にはならないのは当然だ。

すべて数値をオープンにする経営は「オープン・ブック・マネジメント」と呼ばれる。人々に工夫を凝らす努力を促すには，投入努力とリターンの関係がわかる会計帳簿（ブック）が透明であるべきだ。もちろんトップが１円も無駄にしていないという本気をいつも見せる必要がある。

顧客満足度の高い旅館が潰れる理由は，もう一つある。潰れる施設は，顧客の要望をすべて取り込もうとする。あらゆる顧客を満足させることには無理がある。すべてにわたって満足度を上げようと思うと，総花的サービスとなって，コストがかかる割にはそれぞれのセグメント顧客の満足度が低くなるという逆説が生まれる。

かつての大型温泉旅館のように，団体客も家族客もカップルも…と手を拡げると特色の薄れた総合デパートになるのだ。

サービス業には「ニッパチの法則」がある。これは「２割のリピート客が８割の利益をもたらしてくれる」という収益構造を意味している。リピート客は同一施設を何度も利用してくれるだけでなく，家族や友人を連れ，あるいは星野リゾートの他の施設を回遊してくれたりする。

同社では40項目について７段階評価で顧客満足度調査を集計しているが，リピーターに繋がる項目には偏りがあると言う。すべての項目で顧客を満足させることは必ずしもリピーターにはつながらない。顧客サービスもメリハリがあるのである。

サービス業では「嫌な客」も多い。無理な要求をする人，失礼な言葉を吐く酔っぱらい客やマナーの悪い外国人，さらにモンスター・クレーマーもいる。

同社のスタートは軽井沢の温泉旅館だった。団体の宴会客が多く，酔っぱらった顧客に嫌な思いをさせられて，若い従業員は次々と辞めていった。星野

はそこで心に決める。「ウチの社員に失礼な顧客には来てもらわなくていい」と。宴会客をすべて断ることにして，その代り「親子で楽しめる温泉旅館」を打ち出した。すると従業員の表情が見る見る明るくなり，従業員の士気が高まり定着率が上がったと言う。星野の社員"おもてなし"の信念は，こんなところから来ている。

同社ではマナーの悪い顧客に対して，それを見過ごすことなく「他のお客さんの迷惑になります」とハッキリ注意するようにしている。無理な注文や要望にも「できない」ときちんと言うように指示している。サービス業は愛想が良ければいいというものではないのだ。

2.2 自律的組織行動による活性化システム

同社は，社長の強いリーダーシップのもとで，経営理念（目的）や経営目標をはっきりと示している。サービス・プロフィットチェーンやエンパワーメントを実践し，再生案件においては，チェンジ・マネジメントをおこなっている。

社長のビジネスに対する熱意は激しく，これが従業員に伝わりやる気を与える。従業員はモチベートされながら，マニュアルなどなくとも自律的に仕事に励む。

しかし人は，励んだ後は疲れるものだ。業績が安定してくると仕事がマンネリとなり，最初の頃の意欲や気迫がどうしても薄れてくる。

単純作業は単調作業となり，人を飽きさせ，思考能力を低下させる。これがマンネリとなり表情にでる。しかし特に顧客に直に接する業務は，顧客に疲れを見せてはいけない。同社ではマンネリを回避するシステムが事前に設定されている。

自ら手を挙げた候補者は，「私が責任者だったらこうする」という戦略を全員の前で発表し，投票で決めることになっている。組織に緊張感を与え，中だるみを防ぐことができる。社員同士が切磋琢磨しつつ，変革の空気が生まれる。

責任者も疲れマンネリに陥り易い。しかし自ら立候補し責任者となった。ましてや経常利益など経営の大まかな目標に自ら責任をもって取り組むことにコ

ミットしているため気を引き締めて業務に励む。

　自分が主役という意識を持つことができれば，現場の自由裁量から創意工夫も生まれる。顧客の喜びが従業員の喜びとなり，上昇スパイラルで事業が伸びる道理である。すなわち，サービス・プロフィットチェーンにおいて，エンパワーメントされる。"自律的に動くには，何かがヒトのネジを巻かなければ"内部環境は活性化しない。

　顧客に直に接するサービスでは，失敗は許されない。例えば結婚式で新郎新婦の名前を呼び間違えたらどうであろう。従業員にとっては多くの顧客によって何度も繰り返される結婚式だが，結婚する人にとっては一生の内にそう何度も繰り返されるイベントではないだろう。「失礼しました。」では済まされないケースとなる。

　1回ごとの顧客接点で起こる顧客体験のすべてを，常に最高の状態に維持することが大切である。ホテル・サービスにおいて，顧客1人が従業員1人に接する時間は割と短い。この顧客接点の時間が決定的瞬間である。これを最高の品質にするというサービス・コンセプトが「真実の瞬間」である[2]。

[注]

[1] アブラハム・マズロー（A.H.Maslow）は，アメリカの心理学者。人間の欲求は，5段階のピラミッドのように構成されている。底辺から始まり1段階目の欲求が満たされると，その1段階うえの欲求を次々と目指すという説を唱えた。

[2] 1981年にスカンジナビア航空（SAS）の社長に就任したヤン・カールソンによって提唱されたサービス・コンセプト。

第5章 サービス・マーケティング

　サービス・マーケティングは，顧客のサービス・ニーズと自社のサービス・シーズをいかにインタラクティブにマッチングさせるかを明確にする設計図であり，機能別戦略の中核である。

1　商品購入の目的とニーズ

1.1　商品と機能

　商品としてモノ・情報・サービスを購入する目的は何だろうか。それは，購入した商品を用いて何だかの目的を達成するためであろう。その目的にたいして，商品は手段である。例えばモノである「洗濯機を購入する」目的は何であろう。この目的を上位の目的へと展開して，**図表5-1**のように示すことができる。

　ここから分かるように，まず洗濯機を購入する目的は，「F2：洗濯機を使う」ためである。購入しても使わずにただ置いておくだけでは意味が無い。中には気に入ったので置物として飾っておく。または，転売して利益を得る。分解してメカニズムを解明するといった目的もあるであろう。置物にされたとしても，鑑賞され人の目を楽しませるために使われる。転売先でも洗濯に使われるであろうし，分解され解明された技術は新たな洗濯機として使われるか，または転用されて他の目的に使われるであろう。つまり「F2：洗濯機を使う」が目的である。

　目的の「F3：繊維に付着した汚れを取り除く」では，洗濯機から離れてい

▶ 図表5-1 「洗濯機を購入する」目的展開

　　　　　　F1：洗濯機を購入する
　　　　　　　↓　その目的は
　　　　　　F2：洗濯機を使う
　　　　　　　↓　その目的は
　　　　　　F3：繊維に付着した汚れを取り除く
　　　　　　　↓　その目的は
　　　　　　F4：繊維を元の通りの清潔さに戻す
　　　　　　　↓　その目的は
　　　　　　F5：繊維を衛生的に保持する
　　　　　　　↓　その目的は
　　　　　　F6：衛生的な衣類を着る
　　　　　　　↓　その目的は
　　　　　　F7：衛生的な生活をする
　　　　　　　↓　その目的は
　　　　　　F8：健康で衛生的な生活をする

出所：筆者作成

る。つまり，繊維に付着した汚れを取り除く目的を果たすためには，必ずしも洗濯機は必要ないことを示している。例えば，市販の汚れ落としを塗る方法でも，少し専門的になるが凍結乾燥機で水分を蒸発させることにより，汚れも一緒に除去する方法もある。このような，「F3：繊維に付着した汚れを取り除く」目的を果たすために洗濯機を購入する必要性は必ずしも無い。

　さて，「F3：繊維に付着した汚れを取り除く」は目的であり機能である。したがって，"洗濯機を購入する目的"は，主に「繊維に付着した汚れを取り除く」という"サービスの提供を受けるため"である。

　次に，例えば情報であるiTunesの音楽を購入する目的はなんであろう。これは言うまでもなく「音楽を楽しむ」「気分を快適にする」といった目的であろう。したがって，"iTunesの音楽を購入する目的"は，「音楽を楽しむ」「気分を快適にする」といった"サービスの提供を受けるため"である。

　このような，商品としてモノ・情報を購入する目的は，"サービスの提供を受けるため"である。したがって，結局のところ"すべての商品の購入目的は，

サービスの提供を受けるため"と言えよう。

この視点に立つと，すべての経済活動はサービスであるとの考えに至る。これは，サービスの視点から価値共創を提唱するバーゴとラッシュによる「サービス・ドミナント・ロジック」（補足資料３）に至る理論である（Vargo, SL. and R.F. Lush.（2008））。

1.2 サービス・ニーズの発見

顧客ニーズを充たし購入したいと思わせる特定のサービスを発見しようとするとき，大きく分けると２つの方法がある。一つはサービス・ニーズを起点にして考えていく方法。もう一つはサービス・シーズを起点にして考えていく方法である。

1.2.1 サービス・ニーズ起点発想

サービス・ニーズを起点とした発想から，特定のサービスを発見する方法を「サービス・ニーズ起点発想」とする。これは，顧客（需要者，消費者あるいはユーザー）がどんなサービスを求めているかサービス・ニーズを推論して，そのサービス・ニーズを実現すべく特定のサービスを発見していく方法である。そのサービス・ニーズに応えるための技術や方法が，サービス・シーズである。このとき，その特定のサービスを提供するうえで，解決すべき技術開発が必要となるケースが多々ある。

まずサービス・ニーズを推論する必要がある。例えば，顧客からヒアリングしてサービス・ニーズを聞き出す方法がある。またアンケートをおこなって，統計的手法を駆使して見つけ出す方法や，購買履歴を利用する方法，あるいはAIを用いてビッグデータを活用する方法も研究されている。ここでは，これらとは異なった方法で，サービス・ニーズを推論していきたい。

本書では，サービスを次のように定義した。

▶ **図表5-2** 付加価値生産システム

出所：筆者作成

> サービスとは，ヒト・モノ・情報による付加価値生産を目的とした有用な変換機能

　ここで，インプット（I）とアウトプット（O）とシステム（S）を用いて，サービスを分かりやすく説明したい（**図表5-2**）。Iを変換されるもの，Oを変換されたもの，Sを変換するものとし，ヒト・モノ・情報をインプットとして，付加価値提供されたヒト・モノ・情報をアウトプットとする。このシステムは付加価値生産システムであり，有用な変換機能がサービスである。この「システムに投入される要素」（以下，システム要素）は，ヒト・モノ・情報である（第7章で詳述する）。

1.2.2 サービス・ニーズとインプット

　モノにサービスする例として，「洗車（洗車・サービス）」を挙げよう。車をインプットして，"キレイ"に洗われた車をアウトプットする，洗車システムの有用な変換機能が洗車・サービスである（**図表5-3**）。この付加価値は"キレイ"である。システム要素は，洗車機や高圧洗浄機などである。

　情報にサービスする例として，同じように「ノイズ除去（ノイズクリーニング・サービス）」を上げよう（**図表5-4**）。音楽（音楽情報）をインプットして，"キレイ"にノイズを除去した音楽（音楽情報）をアウトプットする，ノイズ除去システムの有用な変換機能がノイズ除去・サービスである。この付加価値

第5章　サービス・マーケティング

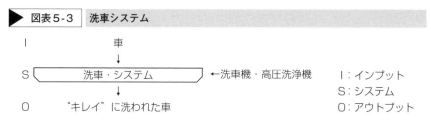

出所：筆者作成

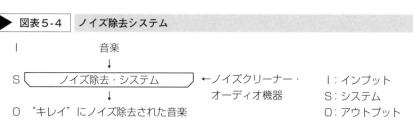

出所：筆者作成

は"キレイ"である。システム要素は，ノイズクリーナーやオーディオ機器などである。

このようなインプットは，「付加価値提供される以前の」ヒト・モノ・情報である。すなわち「付加価値提供されるニーズのある」ヒト・モノ・情報と捉えることができる。したがって「(潜在的に)付加価値提供されるニーズのあるヒト・モノ・情報」というインプットを探索することがサービス・ニーズの発見につながると考えられる。

1.3　ニーズの探索

では，このインプットをどのように探索するのであろうか。その一つの方法が，"ニーズの中核（以下，コアニーズ）"を探すことによって，「(潜在的に)付加価値提供されるニーズのあるヒト・モノ・情報」の，潜在サービス・ニーズを発見する方法である。

ラブロック（2002）は，サービスを，次の4つの大きなカテゴリーに分け，

81

▶ 図表5-5　サービス行為の本質の理解

サービス行為の本質		サービスの直接の受け手	
		人	所有物
有形の行為	A	（人を対象とするサービス）	B （所有物を対象とするサービス）
	a	人の身体に向けられるサービス	b 物理的な所有物に向けられるサービス
		顧客はその場にいる必要がある	モノはその場に存在する必要があるが，顧客はその場にいる必要はない
		旅客輸送 ヘルス・ケア 宿泊 ビューティ・サロン ボディ・セラピー フィットネス・センター レストラン／バー ヘアカット 葬祭サービス	貨物輸送 修理・保全 倉庫・保管 建物・施設管理サービス 小売流通 クリーニング 給油 植栽/芝の手入れ 廃棄/リサイクル
無形の行為	C	（メンタルな刺激を与えるサービス）	D （情報を対象とするサービス）
	c	人の心・精神・頭脳に向けられるサービス	d 無形の財産に向けられるサービス
		顧客は特定のサービス施設に行っても良いし，放送や他のテレコム手段により結び付けられる別の場所にいても良い	顧客との直接の関わりをほとんど必要としない場合もある
		広告／PR 芸術や娯楽 放送・有線放送 経営コンサルティング 教育 情報サービス コンサート サイコセラピー 宗教 電話	会計 銀行 データ処理 データ変換 保険 法務サービス プログラミング 調査 債権投資 ソフトウェア・コンサルティング

出所：ラブロック（2002）「サービス行為の本質の理解」を基に作成

「サービスがどのタイプかによって，マーケティング，オペレーション，人的資源の各戦略は大きく左右される。」と述べている。

　a　人の身体に向けられるサービス
　b　物理的な所有物に向けられるサービス
　c　人の心・精神・頭脳に向けられるサービス
　d　無形の財産に向けられるサービス

また，この4つのカテゴリーを，さらに次の4つのサービスに分類している（図表5-5）。

　A　人を対象とするサービス
　B　所有物を対象とするサービス
　C　メンタルな刺激を与えるサービス
　D　情報を対象とするサービス

そして，時間・空間の視点から次のような示唆を与えている。なお本書において，次の「有形の行為」とは，"無形のサービス機能の発揮が，有形として認識される行為"と解釈する。

A　人を対象とするサービス

人の身体に対する有形の行為がおこなわれる。このカテゴリーのサービスの例としては，旅客輸送，ヘアカット，歯科治療などが挙げられる。顧客は，求めるベネフィットを受け取るには，サービス提供の間，物理的にその場にいる必要がある。

B　所有物を対象とするサービス

顧客の所用する物財や他の物理的所有物に対する有形の行為がおこなわれる。このカテゴリーのサービスの例としては，貨物輸送，芝の手入れ，ドライ・クリーニングなどが挙げられる。サービスの対象となるモノは，物理的にその場に存在する必要があるが，顧客はその場にいる必要はない。

C　メンタルな刺激を与えるサービス

人の心・精神・頭脳に対する無形の行為がおこなわれる。このカテゴリーのサービスには，エンターテイメント，スポーツ観戦，観劇，教育などが含まれ

る。このサービスでは，顧客はメンタルな意味でその場にいる必要がある。しかし，特定のサービス施設に物理的に行っても良いし，放送や他のテレコム手段により結び付けられる別の場所にいても良い。

D　情報を対象とするサービス

顧客の財産に対する無形の行為がおこなわれる。このカテゴリーのサービスの例には，保険，銀行，コンサルティングなどが挙げられる。この種のサービスでは，サービスが一度開始されると，顧客との直接の関わりをほとんど必要としない場合もある。

この「A　人を対象とするサービス」においては，顧客はサービスの提供される場所に必ずいなければならない。物理的にサービスが成立しないからである。したがって顧客は，サービス特性である「時間・空間の特定性」によって，制約を受ける。

これは，不便，不安そして時には不快，不信といった"コアニーズのマイナス要因（以下，マイナス要因）"であり，そこに潜在サービス・ニーズが隠れている可能性が高い。

例えば情報処理によって，顧客が必ずしもサービス提供の場にいる必要が無いようにすれば，"マイナス要因"が除去あるいは改善され，"プラス要因"へとシフトする。これにより付加価値が生産される。

ラブロックは，「物理的にその場にいる必要がある」「A　人を対象とするサービス」の例として，ヘルス・ケアを示している。

これに対して，"遠隔医療"はどうであろうか。患者の身体・精神について情報抽出，情報伝達といった情報処理が遠隔からおこなわれることにより，"遠隔医療"が可能となる。少なくとも患者は直接的に医療サービスが提供される病院やクリニックといった場にいる必要が無い。これは「A　人を対象とするサービス」であるが，「物理的にその場にいる必要が無い」「人の身体に対する無形の行為がおこなわれる」。ラブロックの言う「c　人の心・精神・頭脳に向けられるサービス」のカテゴリーとなる。

2 バリュー・シフトアップおよび市場との整合性

ここで,"サービス特性(IHIP)"を再掲する。

① 無形性(intangibility)……モノのように見たり触ったりできない。
② 異質性(heterogeneity)……サービスの品質に差が生じやすい。
③ 同時性(inseparability)……サービスの生産と消費が同時。
④ 消滅性(perishability)……在庫ができない。

前節の「遠隔治療」の例は,サービス特性の一つ"同時性(時間・空間の特定性)"が,"異時性(時間・空間の非特定性)"へと,情報を媒体として変換することである。ここでは,「物理的にその場にいる必要がある」が「物理的にその場にいる必要が無い」に変換され付加価値が生産される。離れたクリニックまで足を運ぶ必要が無い,時間を節約できるというように不便が便利に変わる。

ここで"サービス特性の変換による価値向上"を,"バリュー・シフトアップ"とする。

2.1 サービス特性からの潜在サービス・ニーズの発見

"バリュー・シフトアップ"によって潜在サービス・ニーズを発見する方法を次に述べる。

まず,サービス特性(IHIP)を縦方向に並べる。これらを"シフト前特性"とし,すぐ右側の矢印に沿って"シフト後特性"を縦方向に隣合わせで並べる。横方向には不便,不安,不快といった"マイナス要因"が含まれるコアニーズを「シフト前コアニーズ」とし,便利・安心・快適といった"マイナス要因"が除去あるいは改善され"プラス要因"にシフトしたコアニーズを「シフト後コアニーズ」として示す。すなわち"コアニーズ・シフト"を示す(**図表5**-

▶ 図表5-6 　バリュー・シフトアップのマトリクス　基本表

シフト前特性	シフト後特性	シフト前コアニーズ	シフト後コアニーズ
無形性（intangibility）モノのように見たり触ったりできない。	→ 有形性（tangibility）モノのように見たり触ったりできる。	→	
異質性（heterogeneity）サービスの品質に差が生じやすい。	→ 同質性（homologousness）サービスの品質が同質。	→	
同時性（inseparability）サービスの生産と消費が同時。	→ 異時性（separability）サービスの生産と消費の時間に差異。	→	
消滅性（perishability）在庫ができない。	→ 残存性（persistency）在庫ができる。	→	

出所：筆者作成

6）。

　このようなマトリクスから，"バリュー・シフトアップ"となる新たなサービスを発想する。そこから潜在サービス・ニーズを発見する。

　なお，このマトリクスの横方向には「不信→信頼」「不備→完備」といった"コアニーズ・シフト"を示すことにより，汎用性をさらに高めることができるであろう。

2.1.1　有形化（可視化）によるバリュー・シフトアップ

　"バリュー・シフトアップ"の例としてよく登場するのが，ホテルや旅館などで見かける"消毒済"と記されたパッケージに入ったコップやグラスである。「きちんと消毒しました。」という印を示すことによって，バックヤードの衛生管理を徹底していることをPRする。と同時に無形のサービスを，印によって有形化（可視化）している。もちろんサービスという機能そのものは，無形な

▶ 図表5-7　バリュー・シフトアップのマトリクス1

シフト前特性	シフト後特性	シフト前 コアニーズ 不快・不安	シフト後 コアニーズ 快適・安心
無形性 (intangibility) モノのように見たり触ったりできない。 →	有形性 (tangibility) モノのように見たり触ったりできる。	消毒済容器 →	消毒済表示付容器

出所：筆者作成

ので見ることはできない。パッケージというモノに"消毒済"という情報をのせることによって，疑似的にサービス特性である"無形性"を"有形性"へと，モノと情報を媒体として"バリュー・シフトアップ"している。

「ちゃんと消毒したのかどうか分からない。」「気持ち悪い。」といった「不安」「不快」の"マイナス要因"が過去にあった。

まずここで，「きちんと消毒したかどうかを知りたい。」というサービス・ニーズを把握する。次に「見えないサービスを見えるようにしたらどうか（無形性→有形性）」と，有形化（可視化）による"バリュー・シフトアップ"で発想する。

そして，「『きちんと消毒しました。』という証明が必要とされているのでは」と推論し，潜在サービス・ニーズを発見する。

そこから「不安→安心」「不快→快適」といった"コアニーズ・シフト"へと導く"消毒済"という印を示すことによって付加価値を提供する。これを**図表5-7**のように示すことができる。

2.1.2　異時性化（時間・空間の非特定性化）によるバリュー・シフトアップ

第3章で取り上げたコマツのコムトラックスは，それまで建設現場で管理していた建機をIoTで遠隔管理することにより，ダントツのサービスとして競争優位性を発揮している。コムトラックスは，"同時性（時間・空間の特定性）"を"異時性（時間・空間の非特定性）"とする"バリュー・シフトアップ"を，

情報を媒体としておこなっている。

　建機にたいして情報抽出・情報伝達といった情報処理を遠隔からおこなう。建機の管理者は，直接的に建機の稼働する場に常時いる必要性から解放される。

　「現場で常時，建機を管理するのは大変。」「盗難に遭うのでは。」「故障するのでは。」「稼働効率が悪いのでは。」といった"マイナス要因"，「不便」「不安」が過去にあった。そこから「もっと効率よく維持管理したい。」「盗難防止したい。」「故障する前にメンテナンスしたい。」「稼働効率を上げたい。」といったサービス・ニーズを把握する。

　次に，"異時性化（時間・空間の非特定性化）"によって，「遠隔地から稼働時間外でも管理サービスを提供したらどうか（同時性→異時性）」と"バリュー・シフトアップ"で発想する。

　そこから，「管理者は，常時・現場での建機の管理から解放されたいのでは。」と推論し，潜在サービス・ニーズを発見する。

　そして，IoTで遠隔管理することにより，「不便→便利」「不安→安心」へと"コアニーズ・シフト"し付加価値を提供することで成功を収めている。これを**図表5-8**に示す。

　先の「遠隔医療」はどうであろうか。患者の身体・精神に関して情報抽出，遠隔情報伝達といった情報処理がおこなわれることにより，患者の移動が減る。これは，上記のコムトラックスと同様である。"同時性（時間・空間の特定性）"を，"異時性（時間・空間の非特定性）"へと，情報を媒体として"バリュー・

▶ 図表5-8　バリュー・シフトアップのマトリクス2

シフト前特性	シフト後特性	シフト前 コアニーズ 不便・不安	シフト後 コアニーズ 便利・安心
同時性 （inseparability） サービスの生産と消費が同時。	異時性 （separability） サービスの生産と消費の時間に差異。	建機現場管理 →	コムトラックス

出所：筆者作成

図表5-9　バリュー・シフトアップのマトリクス3

シフト前特性	シフト後特性	シフト前 コアニーズ 不便・不安	シフト後 コアニーズ 便利・安心
同時性 (inseparability) サービスの生産と消費が同時。	→ 異時性 (separability) サービスの生産と消費の時間に差異。	通院医療　→	遠隔医療

出所：筆者作成

シフトアップ"している。

「患者は離れた病院へ行くことや，長時間待たされるが嫌いで，出来るならば病院には行きたくない。」，「往診してもらい医療費が増えるのは避けたい。」というサービス・ニーズを把握する。

次に「遠隔地から遠隔医療サービスを提供したらどうか（同時性→異時性）"と"バリュー・シフトアップ"で発想する。

「時間と場所の問題さえ解消できれば，本当は頻繁に医師に診てもらいたいのでは。」と推論し，潜在サービス・ニーズを発見する。

このような「不便→便利」「不安→安心」という"コアニーズ・シフト"により，人に付加価値が提供される（**図表5-9**）。

2.1.3　同質性化によるバリュー・シフトアップ

ハウステンボスの「変なホテル」では，レセプション業務を機械化している[1]。ロボットが人の業務を代替することにより，サービスの品質にムラが発生しづらくなる。人の作業はいくらベテランでもその日の体調や気分によって異なる。まして人が変われば異なるのが常である。したがって，サービス特性である異質性を同質性へと"同質性化"し"バリュー・シフトアップ"している。"マイナス要因"も同様に「不安→安心」「不快→快適」へと"コアニーズ・シフト"し付加価値を生んでいる（**図表5-10**）。

ロボットがサービスする。あるいはAIがサービスする時代に突入している。

▶ 図表5-10　バリュー・シフトアップのマトリクス4

シフト前特性	シフト後特性	シフト前コアニーズ 不便・不安	シフト後コアニーズ 便利・安心
異質性 (heterogeneity) サービスの品質に差が生じやすい。	→ 同質性 (homologousness) サービスの品質が同質。	人によるレセプション業務	→ ロボットによるレセプション業務

出所：筆者作成

このような進化しているサービスの環境では，ロボットやAI，あるいはAIの知能を発揮できるロボットがサービスの世界でどんどん活躍するであろう。例えば日本経済新聞（2017.5.11朝刊）では下記のような事例が紹介されている。

「『人と機械で役割分担』専門的な仕事のうちAI利用が目前に迫っているのは医療だ。『この症状から疑われる病気は何ですか。』かかりつけの医師が患者の皮膚の画像をスマートフォンで送って尋ねると，別の医師から返事があった。『アトピー皮膚炎の可能性が高いです。』（中略）特定の疾患には詳しくない家庭医らが，専門家の判断を仰いで治療できる。AIに画像を学ばせて診断する技術も研究中で，実用水準に近づいている。」[2]
「『AI，がん疑い判別』富士フイルムとオリンパスは内視鏡の世界大手（中略）AIが病変の疑いが写っているものを選び医師に提示する機能を実用化する。医師が検査後に画像をチェックする時間を半分以下に減らせるもようだ。将来は診断までAIがこなす技術の開発を目指す。受診者の検査や結果の待ち時間が短縮するなど効果も期待できる。」[3]

2.1.4 異時性化（時間・空間の非特定性化）と同質性化の双方によるバリュー・シフトアップ

このような情報科学技術が進歩したサービス環境では，先の遠隔医療は次のような"異時性化（時間・空間の非特定性化)"と"同質性化"の双方による"バリュー・シフトアップ"を果たすと考えられる（図表5-11）。

第5章　サービス・マーケティング

▶ 図表5-11　バリュー・シフトアップのマトリクス5

シフト前特性	シフト後特性	シフト前 コアニーズ 不便・不安	シフト後 コアニーズ 便利・安心
同時性 (inseparability) サービスの生産と消費が同時。 →	異時性 (separability) サービスの生産と消費の時間に差異。	通院医療 →	遠隔医療
異質性 (heterogeneity) サービスの品質に差が生じやすい。 →	同質性 (homologousness) サービスの品質が同質。	通院医療 →	AI 遠隔医療

出所：筆者作成

▶ 図表5-3　洗車システム（再掲）

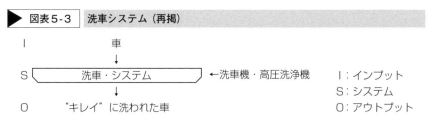

出所：筆者作成

　ラブロック（2002）では、同時性における「時間・空間の特定性」に視点をおいて、「所有物を対象とするサービス」で「サービスの対象となるモノは、物理的にその場に存在する必要があるが、顧客はその場にいる必要はない。」としている。

　さて「所有物を対象とするサービス」では、例として、「洗車（洗車・サービス）」を既に述べた（83頁）。車をインプットして、"キレイ"に洗われた車をアウトプットする、洗車システムの有用な変換機能が洗車・サービスである。この付加価値は"キレイ"である。システムの要素は、洗車機や高圧洗浄機などである。

　洗車・システムでは、顧客がガソリンスタンドなどに車を持ち込んで洗車・

サービスを受けるのが一般的である。一方では給油や充電といった車に直接的に関係のない目的場所に行って"ついで"にこのサービスを提供してもらういわゆる「出先・洗車サービス」がある。スポーツクラブや病院に行った先でこのサービスを受ける。スポーツクラブでは汗をかく時間がたっぷりあり、病院では待つ時間がたっぷりあるだろう。顧客に、この時間を有効利用してもらうサービスである。どちらとも直接的に「顧客はその場にいる必要はない。」

この「出先・洗車サービス」は、"異時性化（時間・空間の非特定性化）"により、施設利用を多目的化することにより"バリュー・シフトアップ"している。

「洗車は大変。もっと効率よく時間を無駄にせずに洗車したい。」といったニーズを把握し、「もっと効率よく時間を無駄にせずに洗車できるならば、自宅ではなく、ガソリンスタンドでもなくても良い。顧客は、他の用事で時間を使う"出先"で洗車してもらいたい。」と推論し、潜在サービス・ニーズを発見する。そして「不便→便利」「不快→快適」へと"コアニーズ・シフト"を果たしている。ここでは所有物である車を介して、付加価値が人に提供される。

将来、このサービスは、さらに機械化され"同質性化"するであろう。その時には、"異時性化（時間・空間の非特定性化）"と"同質性化"の双方による"バリュー・シフトアップ"で、さらなる付加価値が提供されるであろう。

2.1.5 残存性化によるバリュー・シフトアップ

"サービス・ニーズを新たに発見する作業とは、潜在サービス・ニーズを顕在化させ、顕在サービス・ニーズとして新たに認識することである。"潜在サービス・ニーズとは、今までにない特定のサービス・ニーズであり、何かを手掛かり（トリガー）として発見する「それが求めていたものと気が付くサービス」とする。

例えば、「洗車は手間と時間がかかり大変」と思い、困っているとする。ここでサービス特性である"消滅性"に視点をおいて考察する。サービスは、機能であり在庫ができないが、在庫ができる"残存性"に"バリュー・シフト

アップ"できないだろうかと発想する。"残存性"が得られれば，車の"キレイ"が在庫化される。

例えば洗車・サービスの機能が自律的に発揮されるならば，"キレイ"の在庫があるのとほぼ同じ状態になることに気が付く。この洗車・サービスの機能が，消滅しない「手間と時間がかからない自律洗車」であり，それが求めてい

▶ 図表5-12　バリュー・シフトアップのマトリクス6

シフト前特性	シフト後特性	シフト前コアニーズ 不便・不快	シフト後コアニーズ 便利・快適
消滅性 (perishability) 在庫ができない。	→ 残存性 (persistency) 在庫ができる。	洗車サービス	→ セルフクリーンコーティング

出所：筆者作成

▶ 図表5-13　バリュー・シフトアップのマトリクス7

シフト前特性	シフト後特性	シフト前コアニーズ 不便・不快	シフト後コアニーズ 便利・快適
無形性 (intangibility) モノのように見たり触ったりできない。	→ 有形性 (tangibility) モノのように見たり触ったりできる。	NOワックス	→ コーティング
異質性 (heterogeneity) サービスの品質に差が生じやすい。	→ 同質性 (homologousness) サービスの品質が同質。	手洗洗車サービス	→ 自動洗車サービス
同時性 (inseparability) サービスの生産と消費が同時。	→ 異時性 (separability) サービスの生産と消費の時間に差異。	Gスタンド洗車サービス	→ 出先洗車サービス
消滅性 (perishability) 在庫ができない。	→ 残存性 (persistency) 在庫ができる。	洗車サービス	→ セルフクリーンコーティング

出所：筆者作成

たサービスであると気が付く。

　この瞬間が，"潜在サービス・ニーズが発見され顕在化した瞬間"である。すなわち，"潜在サービス・ニーズが，顕在サービス・ニーズとして新たに認識された瞬間"である。ここから，"新たな発見をもとにした新たな発想"へと展開することができる。

　例えば，「セルフクリーンコーティングで，洗車する必要をゼロにするサービス。」といった新たな発想へと展開することもできる。

　これを，"バリュー・シフトアップ"と"コアニーズ・シフト"からとらえると**図表5-12**のようになる。

　また，今までの洗車についてのサービスを，同様にまとめると**図表5-13**のようになる。

2.2　アウトプットと潜在サービス・ニーズ

　提供されるサービスが，外部環境のサービス・ニーズに適合するかどうかを判断することは大切である。適合しなければ，マーケットから拒絶される。

　サービス・ニーズが顕在化していれば，これに適合するサービスを提供することが常道であろう。しかし課題は残る。既に顕在化しているので，マーケッ

▶　図表5-14　｜　洗車の目的展開

　　　　　　F1：車を洗車する
　　　　　　　　↓　その目的は
　　　　　　F2：車体の汚れ取り除く
　　　　　　　　↓　その目的は
　　　　　　F3：車体表面をキレイにする
　　　　　　　　↓　その目的は
　　　　　　F4：車体表面を"いつも"キレイにする
　　　　　　　　↓　その目的は
　　　　　　F5："いつも"キレイな車に乗る
　　　　　　　　↓　その目的は
　　　　　　F6："いつも"快適にドライブする

出所：筆者作成

第5章 サービス・マーケティング

▶ 図表5-15　潜在サービス・ニーズのマーケットへの訴求

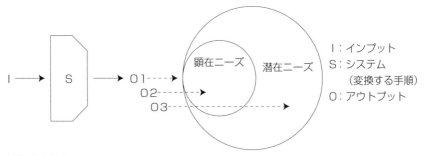

出所：筆者作成

トでの熾烈な競争にさらされる。

　この課題を解決するには，潜在するサービス・ニーズにマッチしたサービスを提供することも必要となるであろう。

　さて洗車の例に戻ろう。洗車の目的とは何であろう。目的を上位目的へと展開すると**図表5-14**のようになるだろう。

　このF3とF4との違いは"いつも"である。単発的にキレイにするサービスは多々あり，洗車するマーケットでは厳しい競争を繰り広げている。

　図表5-15で次のように仮定する。O1は顕在ニーズにも適合していない。O2は何とか顕在ニーズに適合するが，マーケットで熾烈な競争にさらされる。O3は，新たに発見される潜在ニーズに適合する。

　しかし潜在ニーズは発見されると顕在ニーズとなる。これに適合するサービスは，マーケットでの競争になる。つまり，潜在ニーズを発見し続け，これにサービスを適合し続けることが必要となる。

　例えば，セルフクリーンコーティングがO3のポジションにあり，潜在ニーズにマッチするとしたら，さらに次の潜在ニーズを探索することが求められると言えよう。

95

2.3 顕在サービス・シーズと潜在サービス・シーズ

　潜在サービス・ニーズに応えていくためには，それに応えられる十分な技術や方法が必要である。潜在ニーズを発見し続け，これにサービスを適合し続けるには，それに応えられる十分な技術や方法の継続的な革新が課題となる。

　サービス・シーズにもサービス・ニーズ同様に，顕在と潜在がある。ここで，既に発見や発明されている技術や方法が"顕在サービス・シーズ"である。そして，まだ発見されていないサービス・ニーズに応えて開発されるべき技術や方法が"潜在サービス・シーズ"である。この潜在サービス・シーズをもとにして提供されるサービスは，"未知のサービス"である。

　顕在と潜在，サービス・シーズとサービス・ニーズ，および未知と既知それぞれのシーズ課題とニーズ課題との関係を**図表5-16**に示す。潜在サービス・ニーズや潜在サービス・シーズが含まれる今までにない特定のサービスには，未知のニーズ・シーズ課題が解決されることにより，イノベーションが大いに期待されるところである。

　図表5-16にあてはまる例を用い「未知のサービス・ニーズ＆シーズ」として，**図表5-17**のように示した（未知のサービス・ニーズと未知のサービス・シーズは，未知であるために，あくまでも推測の範囲である）。

▶ **図表5-16**　未知の課題のマトリクス

	顕在サービス・ニーズ	潜在サービス・ニーズ
潜在サービス・シーズ	未知のシーズ課題	未知のニーズ・シーズ課題
顕在サービス・シーズ	既知の課題	未知のニーズ課題

出所：筆者作成

▶ 図表5-17　未知のサービス・ニーズ＆シーズ

```
                        潜在サービス・シーズ
                                │
   （未知のサービス・シーズ）    │    （未知のサービス・シーズ）
   （既知のサービス・ニーズ）    │    （未知のサービス・ニーズ）
                                │
            例                  │            例
   （未知のサービス・シーズ）    │    （未知のサービス・シーズ）
   超短時間のクリーニング・サー  │    セルフ・クリーンコーティング・サービス
   ビス                          │       （触媒技術？）
      （低温真空乾燥技術？）     │    （未知のサービス・ニーズ）
   （既知のサービス・ニーズ）    │    クリーニングを不要とするサービス？
   より短時間のクリーニング・サービス│
                                │
潜在サービス・                   │                    顕在サービス・
  ニーズ ────────────────────────┼──────────────────── ニーズ
                                │
   （既知のサービス・シーズ）    │    （既知のサービス・シーズ）
   （既知のサービス・ニーズ）    │    （未知のサービス・ニーズ）
                                │
            例                  │            例
   （既知のサービス・シーズ）    │    （既知のサービス・シーズ）
   現状のクリーニング・サービス  │    現状のクリーニング・サービス技術
   技術                          │    （未知のサービス・ニーズ）
   （既知のサービス・ニーズ）    │    クリーニングを不要とするサービス？
   より短時間のクリーニング・サービス│
                                │
                        顕在サービス・シーズ
```

出所：筆者作成

2.4　4P分析による市場との整合性の分析

「4P」はジェローム・マッカーシー[4]によるマーケティングの分析手法である。古典的な手法ながら実際のビジネスによくあてはまる。マーケティングの要素を，製品（Product），価格（Price），流通チャネル（Place），プロモーション（Promotion）の4要素である「4P」に分ける。現代では製品（Product）にサービスを加えて，製品・サービス（Product・Service）とする。そして，「4P」が市場と整合するかを分析する。

▶ 図表5-18　キャタピラーとコマツのミニショベル価格比較 [6]

バケット容量(m³)	キャタピラー	価格(万円)	コマツ	価格(万円)
0.22	ミニ油圧ショベル305SR	750	ミニショベル（ミニユンボ）PC58UU-3	660
0.80	ミニ油圧ショベル320D	1,700	油圧ショベル（ユンボ）PC200-8	1,650
1.40	ミニ油圧ショベル330D	2,980	油圧ショベル（ユンボ）PC300-8	2,810
1.90	ミニ油圧ショベル345C	4,000	油圧ショベル（ユンボ）PC400-8	3,770

出所：筆者作成

2.4.1　コマツのケースにおける4P分析

　建機業界世界首位の米キャタピラーの建設機械部門の売上高は，4.05兆円（405億ドル　2013年度），一方コマツの同部門の売上高は1.75兆円（2013年度）であり，2倍以上の開きがある[5]。

• プレイス（Place：流通チャネル）

　建設機械市場において，キャタピラーは欧米のシェアが高く，コマツはロシア・中近東までを含むアジアのシェアが高い。キャタピラーは先駆者として，巨大な北米市場を押さえている。一方，コマツは新興国を中心にシェア獲得にむけて攻勢をかけている。

• プライス（Price：価格）

　両社に大きな価格差があるとは言えない。**図表5-18**はその一部を示している。少なくともミニショベル価格においてはほぼ同じである。これは，流通チャネル（Place）において，両社が熾烈な価格競争をしていない結果と言えよう。

• プロダクト（Product・Service：製品・サービス）

　コマツとキャタピラーそれぞれの製品の優劣を明確に示すことは困難である。しかし顧客である建設会社への最適なサポート・サービスがコマツの優位性であると言えよう。

- プロモーション（Promotion：販売促進）

　コマツは突出した営業活動を中心に，新興国を中心に攻勢をかけている。コマツの営業活動の特色は，"ダントツの技術と最適なサポート・サービスのPR"に加え，一種の心理作戦を展開している。

　顧客には，認知を一貫したいという心理作用が働く。コマツのイメージが確立すると，そのイメージに合う情報が信頼され強調されるようになる。顧客は，コマツのイメージにしたがって行動するようになる。コマツの営業は，そのような"イメージを強化する顧客とコミュニケーション・サービス"を促進している。

　コマツは，内部環境における経営資源を，サポート・サービスやコミュニケーション・サービスに投入する。これにより外部環境である建設機械市場との整合性をとり，競合に対して優位性を発揮していると言えよう。

[注]
［1］日本経済新聞朝刊（2016.12.30）「そこが知りたい戦略2017」（http://telecom.nikkei.co.jp）
［2］日本経済新聞朝刊（2017.5.7）「社説　生産性改革」（http://telecom.nikkei.co.jp）
［3］日本経済新聞朝刊（2017.5.11）「AI，がん疑い判別」（http://telecom.nikkei.co.jp）
［4］エドモンド・ジェローム・マッカーシー（Edmund Jerome McCarthy）は，アメリカのマーケティング学者。1960年，マーケティングの4つの要素の構成要素としてマーケティング・ミックスの4P概念を提唱した。
［5］業界動向サーチ（2015）「建設械業界　売上高＆シェアランキング」，動向SEARCH.COM（https://gyokai-search.com/）
［6］株式会社小松製作所（home.komatsu）の商品情報，キャタピラー・ジャパン（www.nipponcat.co.jp）の製品情報，およびユンボ.com（yumbo.livedoor.biz）の建機情報から作成。

第6章 サービス・イノベーション

1 サービス・イノベーションの潮流

1.1 イノベーションの意味

オーストリアの経済学者シュンペーター（J.A.Schumpeter）は，イノベーションを理論化した。その後，イノベーションについて様々な研究や議論がされているが，統一的で確定したイノベーションの定義がいまだに無いというのが共通した認識であろう。

イノベーションとは，付加価値生産における効果性と効率性の向上をもたらす革新的な技術や方法と活動であるといえよう。そして顧客にとっては，いままでのニーズが革新的に深く満たされる。または，新たに創造されたニーズが深く満たされることであるといえよう。

1.1.1 イノベーションの分類

イノベーションには，様々な視点からなる複数の分類がある。ここでは一般的な分類を用いて次の5つを紹介する。

① プロダクト・イノベーション……革新的な製品・サービスの創造
② プロセス・イノベーション……革新的な開発・生産・流通プロセスの創造
③ マーケット・イノベーション……革新的な市場・流通チャネルの創造

④　マテリアル・イノベーション……革新的な材料・部品の創造
⑤　システム・イノベーション……革新的なビジネス・システムの創造

1.2　サービス・イノベーションの新技術と新市場

　現在，革新的な技術によって新市場を創造し，産業構造を変革するようなイノベーションの波が到来している。第四次産業革命である。

　すべてのモノをインターネットに接続してコントロールする。IoTによる情報技術革新がこれを可能にする。このような産業の進化により，既存の生活スタイルのもとに構築された産業は淘汰の波にさらされる。このような環境の変化のもと，サービス産業はどのような変遷をたどるのであろうか。

　例えば，これから新技術開発によって新市場を開拓しようとしているのが，自動運転技術の開発を手掛けるウェイモである。既に自動運転車による移動サービスの試験を開始している。自動運転の新技術開発によって，これから新市場を開拓しようとしている。同社は，グーグルが自動運転部門として独立させた会社である。またアマゾンのAI部門は，AIを中核としたIoTによる情報技術革新により，ニュー・ライフスタイルの新市場を開拓している。AIスピーカーに話しかけるだけで，アマゾンへの発注のみならず情報家電製品をコントロールするサービスを提供している。

　新技術開発によって，既存市場で成長しているのが，コムトラックスのコマツや，機械警備サービスのセコムである。各社はこれからも市場シェアを伸ばしていくと考えられる。

　一方，既存技術の応用や改善によって，新市場を開拓したのが，宅急便のヤマト運輸やネット・オークションのヤフーである。ヤマト運輸は個人向け配送サービスという新市場を開拓し，アマゾンと業務提携しながら成長を遂げている。ヤフーはインターネットを用いることにより，誰でも気軽にオークションに参加し，販売や購入ができる新市場を開拓した。

　また，既存技術の応用や改善によって，既存市場で成長しているのが，配車サービスのウーバーや早い理容のQBハウスである。ウーバーは，アメリカを

中心として世界各都市で事業展開しているが，日本では法規制によって市場進出が遅れている。今後日本市場で需要が高まり世論が後押しすれば，法規制が緩和されるであろう。その時に日本での事業展開に拍車がかかると予想される。QBハウスは，絞り込んだ理容サービスの提供により，短時間での早い理容サービスを実現した。このようなサービスの提供方法は，理美容の市場にのみならず，例えばマッサージやネイルサービスのような市場でも同様に成長すると予想される。一方では，このようなサービス分野でAIを用いた自動化・機械化が促進され，従来のサービスの労働集約性が後退することも予想される。

このような，現在の技術と市場の視点から，サービス・イノベーションについてまとめたマトリクスを**図表6-1**のように示すことができる。

▶ **図表6-1** サービス・イノベーション—技術と市場のマトリクス

市場	既存技術	新技術
新	（既存・技術による） 新・市場開拓 ヤマト運輸（宅急便） ヤフー（オークション）	（新・市場への） 新・技術開発 ウェイモ（自動運転） アマゾン（AIスピーカー）
既存	（既存・技術による） 既存・市場拡大 ウーバー（配車サービス） QBハウス（早い理容室）	（既存・市場への） 新・技術開発 コマツ（コムトラックス） セコム（機械警備）

技術

出所：筆者作成

2　サービス・イノベーションの経営

2.1　ネットワーク経営の力

　サービス業の経営は，「時間と空間の同時性」によりサービス生産の場所が分散し，規模の経済性を発揮しにくい傾向がある。経営規模の拡大に伴いサービス生産拠点を多数確保するケースが多い。これを補完するのがネットワーク経営である。比較的小規模で多数のサービス生産拠点を，ネットワークによって統合すると，あたかも大規模な生産拠点のようになる。そして大規模で集中的に生産するのと同じような，規模の経済性や相乗効果による競争優位性を発揮する。このような大規模なサービス提供には，ネットワーク経営が役立つ。

　ネットワーク経営は，"革新的な生産・流通プロセス，革新的な市場・流通チャネル，革新的なビジネス・システム"の創造に役立つ。上記の企業は，このようなネットワーク経営の力を役立て，市場拡大や新市場開発をおこなっている。

2.2　ケース：ヤマト運輸

　1976年に「宅急便」の商標で個人向け宅配サービスを開始したヤマト運輸株式会社（ヤマト運輸）は，売上は増加しているものの減少し続ける利益率に悩んでいた。同社の主力事業は，トラックによる近距離配送であったが，国鉄，百貨店，航空・海上・港湾などにおける貨物の集配・配送へと事業拡大していった。

　ところが，このような事業の多角化により利益率が下落する。さらに，外部環境の急変がこれに追い打ちをかける。73年にはオイルショックが起き，日本経済が失速する。売上が減少した百貨店からは，配送料を下げられた。また，鉄道の貨物輸送からトラック輸送への転換期を迎える。この結果，国鉄の貨物輸送の集荷・配送業務は縮小した。トラックの長距離輸送は急増していたが，

ヤマト運輸は近距離輸送に固執していたために，トラック輸送の業績は低迷した。

この低迷を覆すため，ヤマト運輸は，個人への配送業務へと舵を切る。個人向けの配送市場は，B to Bの業務用配送とは異なるセグメントである。現金決済というメリット以外には，発注予測が困難で，配送品の規格や配送先が多様といったデメリットの方が多いために，事業は混迷すると考えられた。

しかしながら，個人配送の市場は大きい。ネットワークによって配送拠点を統合し，集配ネットワークを築けば，個人配送の市場を網羅し，これまでに無い革新的な配送事業にすることができる。

ネットワークを創り上げるまでには，コストがかかる。ネットワークが不完全だと，信用度が低く利用度も低い。そのためにコストに見合った収入が得られずに事業は不安定となる。ところが，ネットワークが完成し安定することで，信用度が高まり利用度が高まる。ここから収入増となれば，事業は安定に向かい利益が出る。いったんネットワークが完成すると，追加投資は限定的となりとなり，利用度の伸びが利益に直結する。ヤマト運輸は，ネットワークを張り巡らせるために，街の薬屋や米屋や酒屋といった生活に密着した商店に配送業務の拠点になってもらった。そこで生活する人々の利便性を高める戦略である。

ヤマト運輸は，個人配送の将来性を信じ，ネットワーク構築への投資には積極的であった。市場拡大に対応するために，配送取扱い拠点・配送車両・従業員を急増させた。一方では，B to Bの業務用配送とは異なり，個人顧客に直接的にコンタクトするサービスであることを従業員に認識させ，顧客へのサービスの向上に努めた。

このようにして開始から5年目の1980年には，この新事業は経常利益39億円を記録した。このニュースを聞いたトラック輸送業界に激震が走る。そして次々と，多数の類似企業が市場参入する結果となった。

既にヤマト運輸は，ネットワークを先行して構築し，これをフル活用し，先行者としての競争優位性を確立していた。しかしながら，ヤマト運輸はこれに甘んずることなく，サービスによる差別化である「ダントツのサービス」をス

タートさせた。「翌日配送の拡大」と「在宅時配送」である。その後，ゴルフ宅急便やクール宅急便，通販の代金を回収する「コレクトサービス」，書籍通販の「ブックサービス」，時間を指定することができる「タイムサービス」などを，顧客ニーズに合わせて次々に導入することで，業界首位に君臨し続けている。

2.3　プラットフォーム経営の力

　プラットフォームとは，様々なデバイスと人や組織をつなぐネットワーク・サービスのシステムである。これを強みとして用いた経営が，プラットフォーム経営である。近年は多様で膨大な情報を集積するプラットフォームが構築されている。これにAIを活用することで，大規模な産業革新（第四次産業革命）が進行している。

　自動運転では，最も安全で効率的なシステムをいかにして作るのかが，プラットフォーム経営に深く関わっている。この主導権を握るのがウェイモかトヨタかと，注目を集めている。大規模なプラットフォーム経営は，より多くの参加者を集めて独占的地位を勝ち得るため競争する。一度その地位を獲得すると，そこに君臨する傾向がある。

　金融サービスにおいて，クレジットカード会社は，加盟店と消費者の両方を顧客とするプラットフォームである。多くのプレーヤーを集めて，世界各地で発生する取引の付加価値の一部を収益とする。このシステムの基幹はクラウドコンピューティングとAIである。集積されている膨大なビッグデータが勝敗を左右する。

　自動運転では，世界中の道路情報や走行実績データといったビッグデータを，クラウドに蓄積する。このビッグデータが，安全かつ効率的な自動走行を可能とする。医療分野でも同様である。治療の映像情報のデータベース化と自動解析によって，最適な医療サービスを提供する準備が進んでいる。

　あらゆるモノがインターネットにつながるIoTの情報を集積するプラットフォームが，第四次産業革命で決定的な力を持つ。そのデータ蓄積・処理の新

しいシステム構築が，IoTの活用において必要とされている。この主導権をめぐる競争も過熱するであろう。

このような環境の変化において，プラットフォームを駆使する様々なサービスは，サービス・イノベーションにおける期待値が高いといえよう。日本では，サービス業がGDPの70％を占める。プラットフォームを構築し維持することにより，高付加価値を産出し，また労働生産性を向上するサービスを創造することができると言えるであろう。

2.4　ケース：コマツ２

コマツは，「ダントツ商品，ダントツサービス，ダントツソリューションの開発，導入を通じて，お客さまの現場をお客さまとともに革新し，新しい価値を創造するイノベーションを提供していきます。」と宣言している。

これを可能とするのが，「ダントツ技術力」である。IoTのプラットフォームにより遠隔地からでも衛星通信経由で，ほぼリアルタイムで車両の「健康状態」「稼働状態」を把握する。インターネットによる現場への配信により，最適なサポートを可能にすることで，顧客である建設会社の修理コストの低減や稼働率を向上させる。このようなコマツは，新技術を開発・駆使しプラットフォーム経営を推進することにより，日本のみならず中国・アジア圏を新市場として開拓している。

2.5　ケース：セコム

セコム株式会社（セコム）は，機械化やプラットフォーム経営によるオペレーションの効率化で単価を下げることに成功した。これによって需要を著しく伸ばし，規模の経済性を発揮して労働生産性を高めるといった好循環にある。

もともとサービス業では，「時間と空間の同時性」によりサービス生産の場所が分散し，規模の経済性を発揮しにくい傾向がある。そのため，製造業よりも機械化，大量化が遅れ，労働生産性の向上が困難であった。しかし，技術革新によって，製造業の労働生産性向上ノウハウの導入が可能となり，このよう

な遅れが改善されている。

　以前，労働集約型のサービス業であったセコムは，新技術により労働生産性を向上させた。警備員を現場に常駐させる人による警備業務を，現在では，IoTを駆使して主に機械に代替させている。警備対象を遠隔監視し，侵入や火災などの異常を探知するシステムを開発した。

　警備作業には本来，侵入や火災などの異常を五感によって探知・認識・通報するという人による作業が含まれていた。この作業は一連の情報伝達処理である。セコムの場合，IoTによる新技術が，人による情報伝達処理を代替することで，労働生産性の飛躍的向上をもたらしたと言えよう。警備員は現場に常駐する必要がなくなり，遠隔操作で警備するというシステムに切り替わった。

　また，セコムは自律走行する巡回監視ロボットも開発した。このロボットには，独自に研究開発されたセンサ応用技術や，メカトロニクス技術や，マンマシン・インターフェース技術[1]が用いられている。

　さらに2002年には，現金輸送用ロボットを開発した。個人の声を認識する機能を備え，動作の指示者である現金輸送の警備員を識別して追従する。指示者の姿は，内蔵するレーザーや，画像センサを用いて追尾する。さらに段差を登り降りし，障害物を自動的に回避することができる。

　すなわち，これは現金を本体内に格納できる"動く金庫"ロボットである。さらに警報音や，発声機能や，電撃・発煙機能を備え，襲撃者に対し威嚇や攻撃をする機能を発揮する。そして，中央指令センターに襲撃者を通報し，所在地を送信する機能も搭載する。このロボットは，警備分野において，現金輸送作業を人から代替する。つまり「警備付ロジスティクス・サービス」を，人から機械に代替させたのだ。

　カネには，情報としての特性と，貨幣や紙幣や貴金属などのモノとしての特性がある。情報としてのカネは，例えば金融・保険業において，IoTを駆使したシステムで効率的に処理され，遠隔地へも瞬時に移送される。

　一方，モノとしてのカネは，情報のようには移送できず，警備というサービスが要求される。このロボットによる機械化では，警備員による労働集約的作

業の一部が，機械に代替されたといえよう。

　すなわち，いわゆるヒト，モノ，カネ，情報における情報とモノの流れに，セコムはIoTとロボティクスで技術革新を起こし，プラットフォーム経営を推進している。

[注]
[1]「マンマシン・インターフェースとは，人間と機械との接点のことである。パソコンの場合，キーボードなど人間が直接利用するハードウェアや，データの入力画面などのソフトウェアがこれにあたる。一般的には，人間が機器から情報を受け取ったり，機器を操作するための仕組み，規約，機器，ソフトウェア，作法，考え方などの総称となる。」(IT用語辞典)

第7章 サービスの経営システム設計

1 ワークデザイン法の目的展開法

「サービスの経営システム(以下,経営システム)」を設計するにあたり,ワークデザイン法という手法を用いて解説していきたい。この手法は経営理念(目的)から経営戦略,そして経営システムへと演繹的に,効果的かつ効率的に設計するのに適している。また,イノベーションの素となる発想を誘発する効果があるために,革新的な設計に至る可能性を秘めている。したがって,本章の冒頭では,この手法を紹介することから始めていきたい。

1.1 ワークデザイン法

ワークデザイン法は,アメリカのジェラルド・ナドラー博士によって1959年に発表された手法である。ワークデザイン法の大きな特徴は,理想的なシステムを設計しようとするところにある。手順に沿って,理想のシステムを設計し,これに合うよう現状を変えていくことを目指す。特に革新的なシステムを発案するときに,効果を発揮する手法である。

QCやIEは,代表的な分析的アプローチによる問題解決手法である。これにたいして,ワークデザイン法は,"本来の目的は何か"と目的を探索するところから始め,発見した目的を果たす新たなシステムを構築することによって,問題の解決を図っていく演繹的発想法である。そして,固定観念・既成概念から離れ,現状の枠組み・制約をはずした自由な発想からスタートして,現実的なシステムへと収束していく発想をおこなう。これにより現状を大きく変革す

るシステムの設計を促進することに役立つ。このためにイノベーションの素となる発想を誘発することに用いられる。そして新事業開発や新製品開発，また企業のリエンジニアリングなどに効果を発揮している。

本書でワークデザイン法の解説を詳細に解説するのは，紙面の関係上割愛し，その核となる目的展開法とシステム設計法を簡単に紹介するに留める。

1.2　目的の明確化

経営理念（目的）を策定していくうえでは，まずその素となる目的を明確化して表現する必要がある。では，その目的の表現（以下，目的表現）とはどのようなものか。

例えば「建設用機械を作る」。これは意味のある目的と言える。しかし，建機会社にとっては当たり前である。次に，「誰でもが手軽に使える建設用機械を作る」。これは，意味は深いが，特定組織の経営理念（目的）を的確に示す素となる目的表現かどうか不明確である。では，その目的表現をどのようにして探すのか。この方法が，次に述べる目的展開法である。

1.3　目的展開法

目的展開法とは目的の目的を，上位の目的へ展開することによって，イノベーションの素となる発想をする方法である。これを応用して経営理念（目的）の素となる目的を探索することができる。

例えば，次世代の洗濯機を開発しようとすると，**図表7-1**のように目的展開をすることができる。まず，T（手掛かり）からスタートし，目的（F）を上位の目的へ展開する。

この目的展開の結果，次のことがわかる。

「F2：洗濯機内の洗剤を含んだ水をかき回す」から，必ずしもモーターを使う必要はないことに改めて気づく。

「F4：洗濯物のすみずみまで洗剤を行き渡らせる」から，水でなければいけないということはない。

▶ 図表7-1　次世代洗濯機開発のための目的展開

T　：洗濯機のモーター（手掛かり）
　　　↓その目的は？
F1　：洗濯機のモーターを回転させる
　　　↓その目的は？
F2　：洗濯機内の洗剤を含んだ水をかき回す
　　　↓その目的は？
F3　：洗濯物のすみずみまで，洗剤を含んだ水を行き渡らせる
　　　↓その目的は？
F4　：洗濯物のすみずみまで，洗剤を行き渡らせる
　　　↓その目的は？
F5　：洗濯物の繊維に付着した汚れに洗剤を接触させる
　　　↓その目的は？
F6　：繊維に付着した汚れのみを洗剤に付着させる
　　　↓その目的は？
F7　：繊維から汚れを分離させる
　　　↓その目的は？
F8　：繊維から汚れを離脱させる
　　　↓その目的は？
F9　：繊維から汚れを取り除く
　　　↓その目的は？
F10：繊維を元の通りの清潔さに戻す
　　　↓その目的は？
F11：繊維を衛生的に保持する
　　　↓その目的は
F12：人々に衛生的な衣類を着てもらう
　　　↓その目的は
F13：人々の衛生的な生活を創造する
　　　↓その目的は
F14：人々の健康で衛生的な生活を創造する

出所：筆者作成

「F7：繊維から汚れを分離させる」から，洗剤は必ずしも必要ではない。

「F9：繊維から汚れを取り除く」から，繊維から汚れのみを取り除くシステムを創れば良いことに改めて気づく。

では，「繊維から汚れのみを取り除くシステム」の案を考えてみよう。すると

次のような，イノベーションの素となるアイデアが浮かぶのではないだろうか。
① 汚れを何らかの流体で繊維から分離させる。
② 汚れを接着剤に付着させ，それごと繊維から分離させる。
③ 汚れの部分のみをほじくり落とす。
④ 汚れのみを吸引機で吸い取る。
⑤ 汚れを微生物に食べさせる。

またこのような目的展開をおこなって，いくつかの目的表現を出し，その中から経営理念（目的）の素となる最適の目的表現を選択する。そして，選択した目的表現に沿った経営システム案を考えだす方法は，一貫した経営への取り組みを示すうえで有効である。

例えば「F14：人々の健康で衛生的な生活を創造する」を，経営理念（目的）の素となる最適の目的表現であるとして選択したならば，この内容に沿った経営システム案を考えだす。

1.4 目的表現の手段と目的の関係

隣同士の目的表現は，手段と目的の関係になっている。**図表7-2**のように，例1に比較して，例2は"手段と目的が逆"になっている。

図表7-3のように，目的展開図とは手段展開図といっても良い。

さて，どの目的を選択するかは，最終的に銘々の価値観にしたがうと考えられる。

▶ **図表7-2** 手段と目的の関係1

例1 「プリンターで印字する」
　　　↓（目的）↑（手段）
　　「読者に正確に文字を読んでもらう」

例2 「スケジュールのページを大きくする」
　　　↓（手段）↑（目的）
　　「スケジュールを折り込みページとする」

出所：筆者作成

図表7-3　手段と目的の関係2

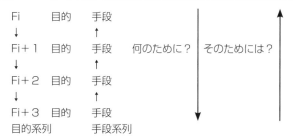

出所：筆者作成

2　ワークデザイン法のシステム設計

2.1　システム設計の手順

　先述のようにワークデザイン法の大きな特徴は，理想のシステムを設計しようとするところにある。手順に沿って，理想のシステムを設計し，これに合うよう現状を変えていくことを目指す。特に革新的なシステムを発案しようとするときに，効果を発揮する手法である。このシステム設計は，次の手順にしたがっておこなう。

① アウトプットを明確にする
② インプットを探索し，選択する
③ システム案を創出する

　ここから，製品・ビジネスモデル・経営システムとして実現するプロセスへとつながる。

2.1.1　アウトプットを明確にする

　アウトプットの確定は，次の2つの手順によっておこなう。

① **目的の選択**

　適切と思われる目的を一つ選択する。目的を選択するときには，"そのシス

▶ 図表7-4　システム案を考える

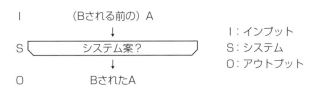

出所：筆者作成

テムを作る必要があるのかどうか"そして"そのシステム設計にかかる時間とコスト"を考慮する。

　システムを作る目的は主に，"効果性"と"効率性"を"確実性"のもとに実現することである。

② アウトプットの表現化

　目的表現「AをBする」のアウトプットは，「BされたA」と表現する（**図表7-4**）。例えば，目的表現：「ドアを開ける」のシステムのアウトプットは，「開けられたドア」と表現する。

2.1.2　インプットの探索し，選択する

　インプットとは，アウトプットを生み出すために必要となる代替のきかない投入物であって，アウトプットを物理的・化学的・論理的・心理的に形成するものである。そして，インプットは探索，詳細化，選択の3段階を踏む。

① インプットの探索

　最も単純な方法は，インプットは「Bされる前のA」または「BされていないA」と時間的にすぐ前の変換されていない状態を探索する。

② インプットの詳細化

　インプットの詳細化には，"上方展開"，"水平展開（空間展開）"，"分解展開

"の3つの方法がある。

インプットの上方展開とは，暫定的に決めたインプットについて，その状態を時系列的に遡って順序よく並べて表示する作業である（**図表7-5**）。この上方展開は究極までおこなう必要はない。

インプットの水平展開（空間展開）とは，同一時間上で空間的に展開する方法である（**図表7-6**）。

水平展開をしたら，各インプットそれぞれについて，次のようにさらにインプットの上方展開をおこなうとよい。

インプットの分解展開とは，インプットが，属性の異なるものからできていることがわかったら，その前のインプットは各属性に分岐させる**図表7-7**のような作業である。

インプットが，**図表7-8**のようにモノと情報の2つに分岐することもある。

③ **インプットの選択**

上記のように詳細展開したインプットの中から，適当と思われるインプットを選択する。

ここまでの手順を**図表7-9**に整理する。

▶ 図表7-5　上方展開の例

I4：野菜の種
　　　↑（その前の状態）
I3：畑になっている野菜
　　　↑（その前の状態）
I2：市場にある野菜
　　　↑（その前の状態）
I1：店頭に陳列されている野菜
　　　↑（その前の状態）
I0：野菜

出所：筆者作成

▶ 図表7-6　水平展開（空間展開）の例

人参　ゴボウ　キュウリ　トマト　…
　↑　　↑　　　↑　　　↑
野菜

出所：筆者作成

▶ 図表7-7　分解展開の例

　　　　　缶　ジュース
　　　　　↑　　↑
　　　　　缶ジュース

出所：筆者作成

▶ 図表7-8　インプット分岐の例

材料（モノ）　客の望む仕様（設計：情報）
　　↑　　　　　　　　↑
（製造される前の）客の望む仕様の自動車

出所：筆者作成

▶ 図表7-9　手順の整理

手順1　おおまかな（設計すべきシステム）のテーマを考える
手順2　仮の「手掛かり」を設定
手順3　目的展開
手順4　目的を一つに決定
手順5　その目的表現からアウトプット表現を作成
手順6　アウトプット表現を参考にして暫定的なインプットを決める
手順7　インプット展開
手順8　インプットの決定
手順9　インプットからアウトプットへの変換案を案出する

出所：筆者作成

2.2　理想システム設計の手順

　ここから，理想システム設計の手順に入る。インプットをアウトプットに変換案を案出するにはどうすればよいかを考える。このとき，「（インプット）を（〜で）…（アウトプット）にする」というように考察する。そして，理想度の高いシステムから考察する。

　理想システム設計には，理想度の高い順に次の3種ある。

① 理論上の理想システム
② 究極的な理想システム
③ 技術的に実現可能な理想システム

上記の①②は実現がほぼ不可能な理想システムであり，③が実現の可能性がある理想システムである。ワークデザインでは演繹的に，理想度の高い方から低い方へと①から③へ，理想システムを探索する。

> **図表7-10　理想システム設計における原則**

① 機能除去の原則
　不要な機能は除去する原則である。例えば「洗濯システム」の設計では，「洗濯する」という機能を除去する案，つまり「汚れの付かない繊維」の開発が機能除去の原則にあてはまる案である。
② 正常性の原則
　理想的システムを優先的に考えるようにして，理想的システムの例外となることは後回しにして考える原則である。
③ インプットの原則
　インプットは必要最小限に収める原則である。
④ 自動化の原則

出所：黒須（2016）を基に筆者作成

　なお，現状の分析からスタートし，③から②，②から①へと探索する方法が分析的アプローチである。これは一般的に改善や改良といった帰納的な探索方法である。
　さて，理想システム設計における原則は**図表7-10**である。

3　経営システム設計の概説

3.1　経営システム設計のインプット・アウトプット・システム

　本書では，サービスを次のように定義した。

> サービスとは，ヒト・モノ・情報による付加価値生産を目的とした有用な変換機能

　既にインプット（I）とアウトプット（O）とシステム（S）を用いて，サービスを解説した。Iを変換されるもの，Oを変換されたもの，Sを変換するものとし，ヒト・モノ・情報をインプットとして，付加価値提供されたヒト・モノ・情報をアウトプットとする。このシステムは付加価値生産システム（図表

▶ **図表5-2** 付加価値生産システム（再掲）

出所：筆者作成

5-2）であり，有用な変換機能がサービスである。この「システムに投入される要素」（以下，システム要素）は，ヒト・モノ・情報である。

3.2 ヒト・モノ・情報へのサービス

モノにサービスする例として，「洗車システム（洗車・サービス）」を再掲する（図表5-3）。車をインプットして，"キレイ"に洗われた車をアウトプットする，洗車システムの有用な変換機能が洗車・サービスである。この付加価値は"キレイ"である。システム要素は，洗車機や高圧洗浄機などである。

情報にサービスする例として，同じように「ノイズ除去システム（ノイズクリーニング・サービス）」を再掲する（図表5-4）。音楽（音楽情報）をインプットして，"キレイ"にノイズを除去した音楽（音楽情報）をアウトプットする，ノイズ除去システムの有用な変換機能がノイズ除去・サービスである。この付加価値は"キレイ"である。システム要素は，ノイズクリーナーやオーディオ機器などである。

人にサービスする例として，「マッサージ（マッサージ・サービス）」を挙げよう（**図表7-11**）。ヒトをインプットして，"ココチヨイ"状態にほぐされた人をアウトプットする，マッサージ・システムの有用な変換機能がマッサージ・サービスである。この付加価値は"ココチヨイ"である。システム要素はマッサージ師やマッサージ器などである。

第7章 サービスの経営システム設計

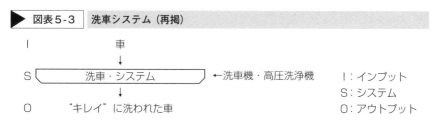

出所：筆者作成

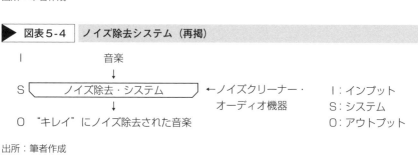

出所：筆者作成

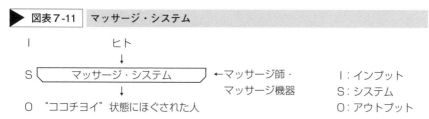

出所：筆者作成

3.3 経営システムのサービスのマネジメント・システムとサービス提供システム

　経営システムでは，図表7-12のようにインプットのヒト・モノ・情報（顧客側）が，アウトプット"付加価値生産されたヒト・モノ・情報"に変換される。

　この経営システム（大システム）の中には，"サービスのマネジメント・シス

▶ 図表7-12　サービスの経営システム

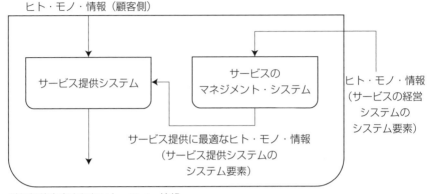

出所：筆者作成

テム（小システム）"と"サービス提供システム（小システム）"が組み込まれる。

　サービスのマネジメント・システム（小システム）には，ヒト・モノ・情報がインプットとして投入される。（経営システム（（大システム））にとっては，システム要素である。）そして，アウトプット"サービス提供に最適な，ヒト・モノ・情報"に変換される。このアウトプットは，サービス提供システム（小システム）にシステム要素として投入される。

3.4　経営システムと外部環境・内部環境との整合性

　このような，経営システム設計図をつくり，さらに詳細な設計へと落し込んでいく。ここで大切なのが，いかにして前段の戦略の策定プロセスと整合させるかである。この段階になると，このような詳細設計が独り歩きして，経営理念や経営戦略と矛盾する箇所が出る。

　これは，実際の経営にはリスクとなる。従業員の熱い意欲はその矛盾のために冷める。顧客には見透かされる。ブランドの構築は遠のくといったことが起こりうる。したがって，このS（経営システム）とI（インプット）およびO

(アウトプット）を常にチェックし，外部環境と内部環境を整合させることが大切となる。

3.5 経営理念（目的）と経営システム設計

　企業は，経営における最上位概念である経営理念（目的）を達成するために，経営を実践する。経営システム設計は，この具体化のための設計である。実際の経営においては，時間の経過と共にこのことが忘れ去られる。もしくは，単なる"お題目"として形骸化するケースが多い。

　一方では，企業の発展と共に，経営目的をさらなる上位概念へとシフトする必要に迫られる。もしくは，外部環境へ適応するためにダーウィンの進化論のように，経営目的を進化させる必要に迫られる。そのときには，実際の経営の外部環境と内部環境との整合性のもとに，経営理念（目的）を更新すべきである。

4　経営システム設計におけるサービスのマネジメント・システム

4.1　マネジメント・システムの設計

　経営システム設計は，経営戦略の策定に続くプロセスである。経営理念（目的）や経営戦略は基本設計図であり，これらをより具体化する実施設計図を作成する必要がある。まず経営理念（目的）や経営戦略に従い，内部環境の人・モノ・情報といった経営資源をコントロールするマネジメント・システムの設計が必要となる。このシステムに，**図表7-13**に示す①から⑧を明確化して落とし込む。

4.2　サービスのマネジメント・システムの設計

　これらを，サービスのマネジメント・システム設計に落とし込んだのが**図表7-14**である。

▶ **図表7-13** マネジメント・システムの設計の手順

① **経営目標＝目標設計**
　事業戦略・競争戦略・機能別戦略を基本設計した後に，それぞれの達成すべき目標を詳細に示す。
② **組織文化＝行動規範の共有**
　組織文化とは，組織に共有された価値観や行動規範である。組織のリーダーは，この価値観や行動規範を示し共有化することにより，組織文化を醸成する必要がある。
③ **組織構造＝役割分担と体系化**
　役割分担を示し，権限配分（エンパワーメント）や運営規則を定め，体系化することにより，組織構造を設計する。
④ **計画・予算＝日程プロセス図**
　詳細設計を構成する計画を日々の実行計画に具体的に落とし込み，予算計画を立てる。
⑤ **リーダーシップ＝指揮**
　リーダーシップは，組織の全体と各グループのトップが果たす重要な機能である。
⑥ **コントロール＝モニタリング・修正**
　コントロールは，「Plan-Do-Check-Action」のサイクルの中での，Check-Actionでありモニタリングと修正のプロセスである。事業が計画通りに実行されているかどうかを，実績値としてモニタリング（観察）するが，計画と実績値に差がある場合には，これを修正するために，対策を立て実施する。このモニタリングは人事評価にも関係する。
⑦ **評価と動機付け＝インセンティブ**
　モニタリングし，客観的な判断基準により人事評価する。インセンティブを与え，動機付けすることにより，組織構成員の意欲を高める。
⑧ **育成・人事＝人材育成と人事政策**
　組織構成員にやる気を起こさせながら，成長させることが企業の発展に必要である。事業を成功させ，企業を発展させながら人材を育成する人事政策を組み込む。

出所：筆者作成

第7章　サービスの経営システム設計

▶ 図表7-14　サービスのマネジメント・システム設計図

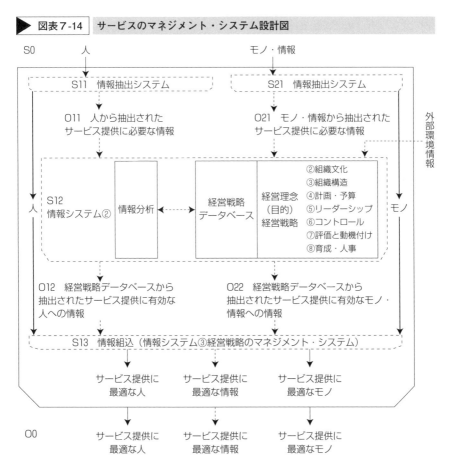

出所：筆者作成

4.3　経営システム設計におけるアウトプットとインプット
（事業目的と付加価値生産）

既述のケースを用いてみよう。次の事業目的の展開から「F5：人々に衛生的な衣類を着てもらう。」を，経営理念（目的）の候補として選択した企業を次に考える（**図表7-15**）。

▶ 図表7-15　経営理念（目的）の候補

```
F0：洗濯機を製造する
    ↓その目的は？
F1：洗濯機を使ってもらう
    ↓その目的は？
F2：繊維に付着した汚れを取り除いてもらう
    ↓その目的は？
F3：繊維を元の通りの清潔さに戻してもらう
    ↓その目的は？
F4：繊維を衛生的に保持してもらう
    ↓その目的は？
F5：人々に衛生的な衣類を着てもらう
    ↓その目的は？
F6：人々の衛生的な生活を創造する
    ↓その目的は？
F7：人々の健康で衛生的な生活を創造する
```

出所：筆者作成

　経営理念（目的）は基本設計図のトップである。これを具体的な実施設計図に落とし込む必要がある。したがって，例えばこの企業がF5を選ぶのであれば，選択したF5を基本として，競争相手に負けることなく自己の優位性を発揮できるような，付加価値を生み出す実施設計図を作成する。これが経営システムの設計である。

　経営理念（目的）の「F5：人々に衛生的な衣類を着てもらう。」を，経営システムに用いて，「衛生的な衣類を着た人々」をアウトプットとしたとする。この場合どのような付加価値が生産されるであろうか。

　第1章の注1で付加価値を次のように定義した。

> 付加価値とは生産過程で新たに付け加えられた価値であり，価値が提供された人・モノ・情報と，その価値が提供される前の人・モノ・情報との差のことである。

　したがって，$V=$価値とすると

$$V(衛生的な衣類を着ている人々) - V'(衛生的な衣類を着ていない人々) > 0 \quad \cdots\cdots ①$$

であるならば，付加価値が発生したと言える。しかし，

$$V(衛生的な衣類を着ている人々) - V'(衛生的な衣類を着ていない人々) \fallingdotseq 0 \quad \cdots\cdots ②$$

このような，衛生的な衣類を着ることに，あまり価値を認めないような人々が顧客となる外部環境もあるであろう。もしくは，

$$V(衛生的な衣類を着ている人々) - V'\{(衛生的な衣類を着ていない人々) \times 0\} = V \quad \cdots\cdots ③$$

"衛生的な衣類を着ていない人々がいない"状況。つまり人々が皆，衛生的な衣類を着ているような外部環境では，価値の差があらわれない。衛生的な衣類を着ているのが，当たり前の環境である。このような外部環境では，例えば「いつでもどこでも快適で衛生的な衣類を着る人々」をアウトプットとすることにより，次のように価値の差をつけることができれば，SWOTにおける「強み（Strength）」（第3章）を発揮できるであろう。

$$V''(いつでもどこでも快適で衛生的な衣類を着る人々) - V(衛生的な衣類を着ている人々) > 0 \quad \cdots\cdots ④$$

ここでは，例えば「いつでもどこでも快適でいられる衛生的な衣類を配送する」といったサービスを提供する経営システムが付加価値を生むと言えよう。

さて，ここでは単純化のために，外部環境が式①であるとする。

そして，経営理念（目的）「人々に衛生的な衣類を着てもらう」を，そのまま用いて，アウトプットを「衛生的な衣類を着た人々」とする経営システム設計をおこなう（**図表7-16**）。

このインプットの人々はどのような人々であろうか。少なくとも「衛生的な

衣類を着たいというニーズのある人々」であろう。その意味において，程度の差や頻度の差こそあれ，まだ「衛生的な衣類を着ていない人々」である（**図表7-17**）。

このインプト「衛生的な衣類を着ていない人々」に，どのような要素が含

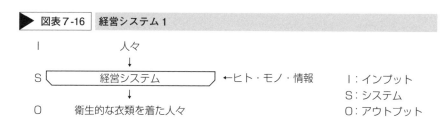

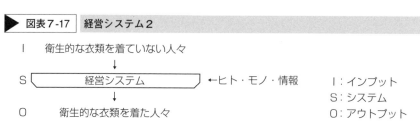

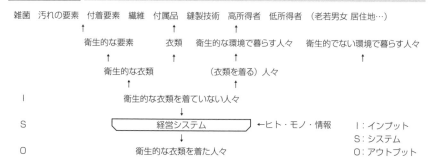

まれているのか。これを知るために，インプットに含まれる要素を，インプットが形成される前の状態へと分解しながら遡る。この分析を**図表7-18**に示す。

このようなインプットを分析した後に，何に対して誰に対して，付加価値を提供し変換するのか。つまりサービスを提供するターゲットを決める必要がある。

例えば，「汚れの要素・付着要素・繊維」と「衛生的でない環境で暮らす人々」をターゲットとして選択する。つまり，これらを変換の対象として決定しインプットとする。

この経営システムには「衛生的でない環境で暮らす人々の着る繊維から，汚れの要素・付着要素を取り除き，衛生的な衣類を人々に着てもらう」といったメカニズムが必要となる。

では，どのような人々が「衛生的でない環境で暮らす人々」であり，その環境はどのようなのか。また，どのような「汚れの要素・付着要素・繊維」なのかを知る必要がある。

そのために外部環境を分析し，ターゲットのニーズを探索する。

そしてニーズのある市場規模や，そのニーズを満たすための投資規模，収支予測といったシミュレーションをおこなう。ここでは，先述した競争戦略やマーケティングなどを用いる。このプロセスでターゲットとすることが不適当と判断される場合には，インプットを見直して再分析する。あるいは，アウトプットを見直し再考するといった判断を下す。

ここで，「汚れの要素・付着要素・繊維」と「衛生的でない環境で暮らす

▶ **図表7-19** 経営システム4

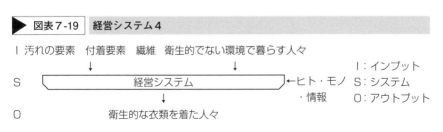

出所：筆者作成

人々」をターゲットとすることが，戦略上妥当と判断とされたとしよう。例えば，「PM 2.5などの粒子状物質が大気中に飛散する環境下で，静電気を帯びやすい繊維を着ている人々」をターゲットとする。静電気は，"汚れの要素"である粒子状物質を"繊維"に引き付ける"付着要素"である。そこから，静電気を帯びにくい繊維の開発。または繊維から静電気を除去するサービスの提供といった発想を得ることもできる。

　また例えば，「F7：人々の健康で衛生的な生活を創造する」を経営理念（目的）の候補として選択した企業を先と同じように考える。ここでも単純化のために，次の式⑤で付加価値が生まれるとする。

　　V（健康で衛生的な生活を創造された人々）－V'（健康で衛生的な生活を創造されていない人々）＞0 ……………………………………… ⑤

　この企業は，図表7-20のように経営システムを用いて「健康で衛生的な生活を創造された人々」をアウトプットとする。

　さて，F7とF5を比較してみよう（図表7-21）。

▶ 図表7-20　経営システム5

I　健康で衛生的な生活を創造されていない人々
　　　　　　　　↓
S　［　　経営システム　　］←ヒト・モノ・情報　　I：インプット
　　　　　　　　↓　　　　　　　　　　　　　　　　S：システム
O　　健康で衛生的な生活を創造された人々　　　　O：アウトプット

出所：筆者作成

▶ 図表7-21　経営理念（目的）の比較

　　　　　　　F5：人々に衛生的な衣類を着てもらう
　　　　　　　　↓その目的は？
　　　　　　　F7：人々の健康で衛生的な生活を創造する

出所：筆者作成

「人々の健康で衛生的な生活を創造する」は，「人々に衛生的な衣類を着てもらう」よりも，より広いモノやコトに言及する意味内容である。少なくとも「衣類」からは離れ，健康についてもコミットしている。つまり"上位の概念"である。これは単に上位だから優れている，下位だから劣っているということではない。上位の概念の方が，幅広い事象を取り扱うという意思表示をしているに過ぎない。

　企業の発展と共に，経営目的をさらなる上位概念へとシフトする必要に迫られる。もしくは外部環境への適応のために，ダーウィンの進化論のように，経営目的を進化させる必要に迫られることがある。そのときには，実際の経営の外部環境と内部環境との整合性のもとに，経営理念（目的）を更新すべきであると既に述べた。自社がどのポジションで経営するのか。自社の内部・外部に向かってどのようなメッセージを送るのかは，目的レベルの選択で変化する。

　さて，この経営システムのインプットはどのような人々であろうか，少なくとも「健康で衛生的な生活を創造してほしいというニーズのある人々」であろう。その意味において次のように，程度の差こそあれ，いまだに「健康で衛生的な生活を創造されていない人々」である。

　このインプットである「健康で衛生的な生活を創造されていない人々」につ

▶ 図表7-22　経営システム6

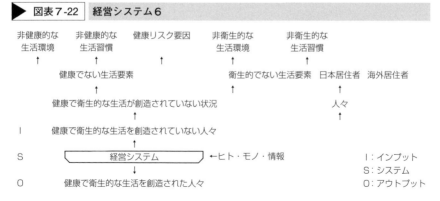

出所：筆者作成

いて，どのような人々なのか，どのような要素があるのかを分析する必要がある。ここで，インプットに含まれる要素を，インプットが形成される前の状態へと，分解しながら遡ることによって分析すると**図表7-22**のようになる。

　このような分析し，投入するインプットを選択する必要がある。例えば「健康でない生活要素」と「衛生的でない生活要素」と「人々」を選択するとしたならば，その生活要素をさらに具体化する。

　そして，「健康でない生活の要素」を生活習慣病とするならば，生活習慣病の要素を改善する経営システムが必要となる。その場合「人々」は「生活習慣病のある人」，もしくは「生活習慣病のリスクのある人」となるであろう。そして「衛生的でない生活要素」と「人々」を，先の「PM 2.5などの粒子状物質が大気中に飛散する環境下で暮らしている人々」とすると，インプットは「PM 2.5などの粒子状物質が大気中に飛散する環境下で暮らしている，生活習慣病のある人およびそのリスクのある人々」がインプットとなる（大気汚染は，一般的にがんや心臓病，肥満，2型糖尿病などに悪影響を及ぼすと言われている。）。

　このような，インプットの分析によってターゲットを探索することができる。経営システム設計では，このアウトプットの設定とインプットの探索が，経営戦略の策定プロセスにおけるドメイン，セグメントそしてターゲットの探索に役立つ。

　そして"経営戦略と経営システムの整合性"の観点から俯瞰して，戦略全体を見渡す手段として用いることができる。

　ここで，"衛生面で様々な問題がある環境下で暮らす，健康リスクのある人々"を思い浮かべよう。治療を受けたくとも経済的・地理的事情により，なかなか思うように医師から専門的な治療を受けられないケースを考える。上記のインプットの展開から「健康リスク保持者」と「衛生環境」を選択しインプットとする。アウトプットは，「健康で衛生的な生活を創造された人々」である。このとき，どのような経営システム設計をすべきだろうか。

　まず「経済的・地理的事情によりなかなか病院へは行けないが，本来は病院

第7章　サービスの経営システム設計

▶ 図表5-11　バリュー・シフトアップのマトリクス5　（再掲）

シフト前特性	シフト後特性	シフト前 コアニーズ 不便・不安		シフト後 コアニーズ 便利・安心
同時性 (inseparability) サービスの生産と消費が同時。	→ 異時性 (separability) サービスの生産と消費の時間に差異。	通院医療	→	遠隔医療
異質性 (heterogeneity) サービスの品質に差が生じやすい。	→ 同質性 (homologousness) サービスの品質が同質。	通院医療	→	AI 遠隔医療

出所：筆者作成

へ行って専門医に治療してもらいたい。」といったサービス・ニーズを把握する。第5章で述べた「遠隔医療」はどうであろうか。患者の身体・精神に関して情報抽出，遠隔情報伝達といった情報処理がおこなわれることにより，遠隔医療が可能となり患者が直接的に専門医のいるところに移動する必要性が減る。これは，"同時性（時間・空間の特定性）"を，"異時性（時間・空間の非特定性）"へと，情報を媒体として"バリュー・シフトアップ"している。

　また，AIが医療サービスの世界でどんどん活躍するであろう。診断までＡＩがこなす技術が開発されつつある。ここに至っては，人の治療から人工治療への代替が加速すると考えられる。そのときには，図表5-11（再掲）のように"異質性"から"同質性"へと"バリュー・シフトアップ"が起きるであろう。

5　経営システム設計におけるサービス提供システム

5.1　サービス提供システム設計の手順

　次に，"経営システム設計におけるサービス提供システム（以下，サービス提供システム）"の設計をおこなう。「AIによるモジュール化治療と専門医に

▶ 図表7-23　サービス提供システム設計の手順

① 経営理念（目的）の策定
　企業経営の目的を上位の概念へと展開することにより，経営理念（目的）となる候補を列挙する。その中から適切な目的を選択する。（複数の事業を展開する企業では，事業部，カンパニーあるいは子会社の各事業目的を選択する。このとき各事業目的が全社最適となるように俯瞰することが必要である）。
② アウトプットの確定
　経営理念（目的）から，アウトプットを確定する。
③ 暫定的なインプットの発見
　「…していない○○」といった変換される直前のアウトプットを策定する。
④ インプットの分析
　インプットに含まれる要素を，インプットが形成される前の状態へと分解しながら遡ることにより分析する。
⑤ 適切なインプットの選択
　システムに投入するインプットを，展開した候補から適切に選択する。
⑥ インプットからアウトプットへの変換案としてのサービス提供システムを案出する。
⑦ 適切な案を選択する。

出所：筆者作成

▶ 図表7-24　サービス提供システム設計の具体例の手順

① 経営理念（目的）の策定
　「F7：人々の健康で衛生的な生活を創造する」を選択する。
② アウトプットの確定
　「健康で衛生的な生活を創造された人々」をアウトプットとして確定する。
③ 暫定的なインプットの策定
　「健康的で衛生的な生活を創造されていない人々」を暫定的なインプットとする。
④ インプットの展開
　インプットを時間的には過去となる上方に展開する。
⑤ 適切なインプットの選択
　「健康リスク保持者」と「衛生環境」をインプットとして選択する。
⑥ インプットからアウトプットへの変換案としてのサービス提供システムを案出する。
⑦ 適切な案を選択する。

出所：筆者作成

よる専門治療との双方の医療提供」を受けることのできるサービス提供システムを例示する。

これに先立ち，ここまでの手順を整理する（**図表7-23**）。

次にサービス提供システム設計の具体例の手順を**図表7-24**に示す。

5.2 サービス提供システム設計と経営システム設計の全体設計図

続いて，このサービス提供システム案を説明する（**図表7-25**）。

このようなサービス提供システムを，図示すると**図表7-26**のようになる。

上記のサービス提供システムと，マネジメント・システムを統合した経営システムの全体を把握する。図表7-12（再掲）を具体的に実施設計図に落とし込んだのが，**図表7-27**である。

▶ 図表7-25　サービス提供システム案

① インプットの「健康リスク保持者」から「治療に必要な情報」を抽出する。AIデータベースよりこの治療法候補を抽出する。
　　同様にインプットの「衛生環境」から「健康への影響情報」を抽出する。AIデータベースより，この「衛生環境の健康への影響の分析情報」を抽出する。
② ①を「AI自動治療法作成システム」に投入する。
③ ②により，「健康リスク保持者」に治療効果が発揮される，最適な治療法を示す。
④ ③AIを用いたモジュール化治療をおこなう。AI主導の基で，専門医以外から生活改善指導や投薬を受ける。
⑤ AIデータベースから抽出された「個別の衛生環境下の健康への影響情報」を基に，（必要に応じて）専門医による治療を受ける。
⑥ 個別の衛生環境下の健康への影響にたいして，カスタマイズされた最適な治療法に従い，AIモジュール化治療と（必要に応じた）専門医師による治療を受けることにより，健康リスクを取り除く。
⑦「健康で衛生的な生活を創造された人々」をアウトプットとする。

出所：筆者作成

▶ 図表7-12　経営システム（再掲）

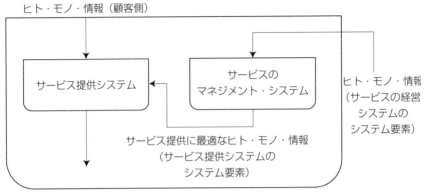

出所：筆者作成

▶ 図表7-26　「健康で衛生的な生活を創造された人々」サービス提供システム

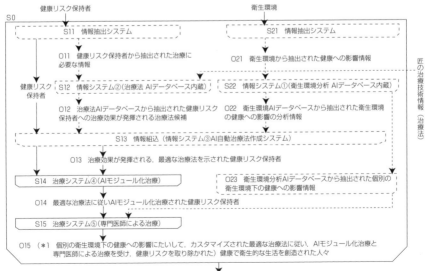

第7章 サービスの経営システム設計

▶ 図表7-27　経営システム設計図

```
S0                         マネジメント・システム
           人                                    モノ・情報
   ┌───────────────────┐         ┌───────────────────┐
   │  S11  情報抽出システム │         │  S21  情報抽出システム │
   └───────────────────┘         └───────────────────┘
     O11  人から抽出されたサービス提供に必要な情報   O21  モノ・情報から抽出された
                                         サービス提供に必要な情報       外部環境情報

                                      ②組織文化
                                      ③組織構造
   ┌──────┬──────┬──────┬──────┬──────┐   ④計画・予算
人 │ S12  │情報分析│経営戦略│経営理念│経営戦略│   ⑤リーダーシップ   モノ
   │情報システム│     │データベース│(目的)│     │   ⑥コントロール
   └──────┴──────┴──────┴──────┴──────┘   ⑦評価と動機付け
                                      ⑧育成・人事

     O12  経営戦略データベースから抽出された      O22  経営戦略データベースから抽出された
          サービス提供に有効な人への情報              サービス提供に有効なモノ・情報への情報

   ┌─────────────────────────────────┐
   │       S13  情報組込システム                │
   └─────────────────────────────────┘
      サービス提供に最適な人  サービス提供に最適な情報  サービス提供に最適なモノ

O0     サービス提供に最適な人  サービス提供に最適な情報  サービス提供に最適なモノ

                    サービス提供システム
      健康リスク保持者                    衛生環境
S0
   ┌───────────────────┐         ┌───────────────────┐
   │  S11  情報抽出システム │         │  S21  情報抽出システム │
   └───────────────────┘         └───────────────────┘                匠
     O11  健康リスク保持者から抽出された治療に必要な情報  O21  衛生環境から抽出された健康への影響情報  の
                                                                     治
   ┌───────────────────┐         ┌───────────────────┐       療
健康リスク│ S12 情報システム②(治療法AIデータベース内蔵)│ │ S22 情報システム①(衛生環境分析AIデータベース内蔵)│  技
保持者 └───────────────────┘         └───────────────────┘       術
     O12  治療法AIデータベースから抽出された健康リスク O22  衛生環境AIデータベースから抽出された衛生環境  情
          保持者への治療効果が発揮される治療法候補         の健康への影響の分析情報              報

   ┌─────────────────────────────────┐
   │   S13  情報組込 (情報システム③AI自動治療法作成システム)  │
   └─────────────────────────────────┘
     O13  治療効果が発揮される, 最適な治療法を示された健康リスク保持者
   ┌──────────────────┐
   │ S14  治療システム④(AIモジュール化治療) │   O23  衛生環境分析AIデータベースから抽出された個別の
   └──────────────────┘       衛生環境下の健康への影響情報
     O14  最適な治療法に従いAIモジュール化治療された健康リスク保持者
   ┌──────────────────┐
   │ S15  治療システム⑤(専門医師による治療) │
   └──────────────────┘
     O15  (＊1　個別の衛生環境下の健康への影響にたいして, カスタマイズされた最適な治療法に従い, AIモジュール化治療と
          専門医師による治療を受け, 健康リスクを取り除かれた) 健康で衛生的な生活を創造された人々

O0               (＊1) 健康で衛生的な生活を創造された人々              衛生環境
```

出所：筆者作成

137

補足資料1　サービスの意味

1　語源にみるサービスの意味

　服部（2004）は，サービス（Service）の語源について次のように述べている。「サービス（Service）は，エトリアル語（Etruscan）のserv-から派生したラテン語の形容詞servus 1（奴隷の，地役権のある）が語源となった。これが名詞化してservus 2（a slave, a servant）又はservos（奴隷，戦利品として獲得した外国人）へと派生した」としている。

　そして，servus 2やservos（派生語）は，数多くの派生語を生んでいる。それは，ラテン語のservitialis（奉公の，奉仕の），servulus（若い奴隷），serva（女奴隷），servio（①奴隷である，抵当に入っている，奉仕する，②勤める，尽くす，③好意を示す，従う，④有用である，役に立つ）などがある。後に英語に借入されservant（召使い，使用人）となって現在に至っていると述べている。

　すなわち，サービス（Service）は，本来，「奴隷」，「隷属」という語意と深い関係があり，現在はそれが派生して，「従う」「奉仕」「有用」「役に立つ」などの語意をもつようになったと考えられる。

2　サービスの類義語としてホスピタリティー

　「（ホテル，レストランなどでの）給仕，客あしらい」は，いわゆる接客として括られて，レストランにおける主要な作業を構成している。

　この接客は，慣例的にサービスと呼ばれているが，「おもてなし」の意味合いが強いと言えるであろう。ところが日本人にとってなじみの深い言葉である，「おもてなし」に最も意味の近い外来語は，ホスピタリティー（hospitality）であると考えられる。日本において，サービスは，ホスピタリティーと同義に使われる場合が多いので，サービスとホスピタリティーを比較することで，

サービスの本来の意味を考えていきたい。

2.1　日本におけるホスピタリティーの意味

ホスピタリティー（hospitality）は，『現代用語の基礎知識』（2006）によると次のように示されている。

暖かくもてなす心，歓待の精神。もともとはhospital（病院，慈善施設）からの派生語であるが，源流は後期ラテン語hospitālia（主人が客を接待する場所＝来客用の大きな家）に由来している。

消費者はサービス商品を提供される細かな要素の集合としてではなく，まとまりのある一体のものとして評価する。例えばホテルならば接客，食事，パブリックスペースの快適さなどを一つのまとまりとして滞在したホテルの評価を下す。したがって，企業はすみずみにまで配慮の行き届いたもてなしで顧客に応対する必要がある。

すなわち，「暖かくもてなす心，歓待の精神」を意味し，ホテルの接客においても，それが評価の対象となることを示している。

2.2　語源にみるホスピタリティーの意味

服部（2004）は，ホスピタリティー（Hospitality）の語源について次のように述べている。ホスピタリティー（Hospitality）は，ラテン語hospesが最初の派生の源になっている。このhospesは，ラテン語のpotis（having the power, able, capable）「有能な」「能力のある」と，古ラテン語のhostis「ローマ領の住人で，ローマ市民と同等の権利義務を持つ者，味方としての余所者」との合成語である。ラテン語のpotisは，古フランス語のpotencialへ，そして14世紀にpotencialという中世英語に借入され，現代英語ではpotencial（可能性）となっている。

一方，ラテン語hospesの，もう一つの言語系列にある古ラテン語のhostisは，ラテン語hosti（stranger, enemy）として，「他人，外国人，敵としての余所者」という意味に変化していった。そして，古フランス語のhostileから，16世

紀にhostile（敵の，敵意のある）に借入されたと述べている。

この「potis」と「hostis」の合成語であるhospesの原義は，lord of stranger「客人の保護者」を示し，主権者や来客，外国人や異人などの「主人と客人」の両方の意味を内包している。そして派生し，ラテン語のhospitalitas（客扱いのよいこと，厚遇）となり，14世紀に英語に借入されてhospitaliteとなり，これがhospitalityとなったと述べている。フランス語のhospitaliteは，古代ローマにおいて「個人，家族，都市間の相互歓待の掟」という意味があり，現代では「亡命者などに与えられる避難所」という政治的な意味がある。

2.3 ホスピタリティーの現代解釈

これらの歴史的・社会的背景を踏まえて，ホスピタリティー（Hospitality）の用語的概念を，服部（2004）は次のように示している。

「社交上，商業上で客人や初訪問者を即もてなしの良い状態にさせる性質，または性格をもった資質のある者（主人）が，自らの来客用室又は，宿舎，飲食物を提供して，誠心誠意に優雅に社会的貢献する心をもって，客人を温かく，愉快に，親切に思いやりのある，もの惜しみのない歓迎とおもてなしをすること。また，客人が提供する新しいアイデアや物事に対して，敏速に受け入れる感受性を持ち，客人が安心して寛ぎ，心地よい精神的満足（Comfort）と環境的満足度による快適さ（Amenities）を味わえるように創意工夫すること。」

2.4 サービスとホスピタリティーの比較

サービスの語源には，「slave（奴隷）」や「servant（召使）」などの主従や差別の関係を見ることができる。これに対し，ホスピタリティーの主要な語源には，「主人（host）と客人（guest）」が同一の立場を保つ関係を見ることができる。しかし，現在レストランでの接客においては，双方が用いられることが多い。そして，サービスはこのような意味の他に「サービスの現代解釈」に示したように，多様な意味に使われている場合が多く，これが現代において，多くの混乱や，多様な定義を生み出している要因であると考えられる。

補足資料2　サービスの先行研究と定義について

1　サービスとは何か

　ここでサービスとは何かについて再考察していきたい。そのために先行研究を紹介しながら，サービスの機能について述べていきたい。

　まず，第1章で触れた田中・野村（2008）は，サービスの新定義として，「『サービス』とは利用可能な諸資源が有用な機能を果たすその働き」と定義している。すなわち，経済客体である物やシステムが，経済主体に対して「有用な働き」をする行為概念をサービスと定義するとしている。

1.1　経済学的なサービスの定義

　経済学的なアプローチによるサービスの定義についてみていきたい。田中・野村（2008）は，先行研究者のこのようなサービスの定義は，大きく分けて無形財，活動と便益，財貨の所有権の移転以外の市場取引対象，非財貨生産活動の4つに分類できるとし，次のように示している。

　同著では，この4つの分類に添って，以下のように各定義を紹介し，検討・評価を加えている。

　　① 無形財

　この定義は，経済学者，マーケティング学者双方に最も頻繁に用いられている。熊谷・篠原編『経済学大辞典』（1980）には，次のように書かれている。「消費の対象となるものを『財』（Commodity）とよぶ。財には『財貨』（goods）と『サービス』（services）の二種類がある。財貨とはリンゴや靴のような有形の財であり，サービスとは理髪のような無形の財である。」とし，有形か無形かで見分ける判断基準を示している。しかし，有形か無形かという区分は，財貨とサービスの本質的な分水嶺ではない。例えば，プロパンガスは無形だがモノ（「モノ」と「財貨」は同義）である。物として取引されて，理髪などの

サービス取引の範疇ではない。

一般に，物質には有形の状態と，気体や微小の状態での無形の状態がある。サービスが無形である特性を，財貨とサービスとを見分ける唯一の判断基準とすることは不可能である。しかし，サービスは無形財であるという特徴は間違いないと考えられる。

無形の価値

横山（1974）は，次のように定義している。

「われわれの経済社会には，有形無形の様々なな価値物が流通しており，このうち有形の価値物は財貨と呼ばれている。これに対し後者の無形の価値物は観光客を案内したり，人や財貨を輸送したり，情報を蒐集・調査したり，通信したりするなど，それ自体としてはモノではなく，『移動』『情報の創造』『情報の伝達』といった機能と価値が認められるものである。このような無形の価値＝用役を総称してサービスと言うことができる。」

この定義では，モノではない無形の価値とは，第三次産業における価値の総称とし，運輸，情報，通信などの共通項は，無形性であるとしている。

無形製品（intangible product）

多くの研究者が「無形性」を，サービスの最も重要な基本特性としている。そして，さらに，有形（tangible）と無形（intangible）を識別する基準を，「手で取扱う」（handle）ことができるかどうかという基準を導入している。しかし，これは「モノのもっている属性をサービスがもっていない」と言っているに過ぎないのであり，サービスの本質を述べてはいない。

② 活動と便益

アメリカン・マーケティング・アソシエーション（1960）の定義は次のとおりである。

「（サービスとは）販売に供されるか，又は財貨の販売に関連して供給される，活動（activities），便益（benefits），又は満足（satisfaction）。」

すなわち，保険や理髪や，流通や金融を指していると考えられる。そして，これに対しブロワ（1974）は，この定義に対し修正を提唱した。

「モノの形態（form）に物理的変化（physical change）をひき起こすことなしに便益と満足をもたらし，かつ販売に供される活動がサービスである。」

この定義では，保険，銀行，コンサルティング，流通，運送を含めることができたが，理髪やレストランを含めることが不可能となった。

サッサー（1978）らは，次のような新たな定義づけをおこなった。

「"公衆の求める何がしかの便宜と活動を供給するために，器械・設備・従業員のいずれか，またはその組み合わせにより構成される組織化されたシステム" 又は "義務による行為もしくは他人のための労働"」

「便宜の提供」とは，ホテルやモーテルのサービスを指し，「活動」とは，演劇や市場調査活動などを指している。「行為や労働」にあたるものは，コンサルティングや清掃などが考えられる。ここでは，サービスを「システム」あるいは「パフォーマンス」という概念で捉えようとしている。モノを「商品，品物，製品」（articles of trade, merchandize or wares）と定義し，「店舗で購入し家庭に持ち帰る有形物」（tangible physical objects purchased in a store and carried home）と説明している。これに対し，サービスは全く本質的に異なるものであると主張している。「組織化されたシステム」とは，建物，各種設備，従業員などが有機的に結合し形成されているシステムを指している。サービスは，そのシステムも含むという。しかし，そのシステムから，例えば「サービスを受けた顧客」がアウトプットされるのであり，システム自体はサービスと異なる。したがって，ここでも，概念の相違が生じている。

③ 財貨の所有権の移転以外の市場取引対象

ジャッド（1964）は，次の案を提唱した。

「市場で売られるサービス－有形商品の所有権の移転以外を取引対象とする，企業あるいは事業家による市場取引」

モノの取引には「所有権の移転」がともなうが，サービスにはそれがない，と言っている。物品リースは，所有権の移転がおこなわれないのでサービスである。旅館も遊園地のサービスも「所有権の移転」を伴わない。しかし，これもモノのもっている属性を，サービスがもっていないことを示しているにすぎ

ず，財貨とサービスの本質的な分水嶺では無い。

④ 非財貨生産活動

木村（1981）は，サービスの定義を大阪市立大学経済研究所編『経済学辞典』に求め，次のように述べている。

「ここでいうサービスとは，一般に，物質的財貨を生産する労働過程以外で機能する労働を広く包括する概念である。」

すなわち，モノの生産をおこなわない生産活動を包括的にサービスとするとしている。経済学者コーリン・クラークが，第一次，第二次産業に含まれない「残余の部分」（residual sector）を第三次産業と呼んで以来，今日までこの分類が基礎となっている。第三次産業に共通の特徴は，財貨生産をおこなわないという点にある。

しかし，その境界線は曖昧である。例えば，機械の修理や清掃を，生産過程で労働者がおこなう場合，モノ生産の労働過程に含めるであろう。しかし，これを専門業者に外注した場合は，サービスと考えるのが一般的である。この場合，本質的には違わない労働が，取引形態によって，サービスに含まれるか否かとなる。この定義は，曖昧な部分を内包しており，業種分類以外の使用には適さないと考えられる。

今日の産業分類は，非財貨生産の産業を第三次産業とし，第三次産業をサービス産業とする方法が一般的であるが，その境界線については以下のような様々な論議を生んでいる。

例えば，レストランは何であろうか。食品の調理・製造をキッチンでおこない，空間を提供し，テーブルや椅子を置き，接客に代表されるサービスをおこなっている。日本標準産業分類では，以前は小売業の中に位置づけられていた。

これらの問題について木村（1981）は，次のように総括している。

「第三次産業・サービス業の基本的な分類範囲においてさえ見解が分かれており，一致した合意をみるに至っていないのである。これはわが国だけでなく，アメリカの研究者間においても産業を分類するうえでの明瞭な理論的基礎がないことを反映し，例えば，サービス部門に運輸通信・公益事業をふくめて分類

するかどうかで一致した見解のないことをV・R・フュックスが指摘しており，またフュックス以前においても，G・J・スティグラーがサービス産業に関する境界，分類についての意見の一致は存在しないむね（ね）を指摘していることでも明らかである。」

また，井原（1979）は，製造業とサービス産業を区分する基準として，「物の変形を伴う工程」「所有権の移転」の2つを提示したが，直接部門と間接部門，自社生産と委託発注などの問題点を指摘し，次のように結んでいる。

「製造業とサービス産業を厳密に定義することはなかなかやっかいである。（中略）むしろここでの話は，サービス産業としての生産活動と製造業としての生産活動を分けることがいかに困難であり，また多くの問題が存在するかということを示そうとしたものだと理解されたい。」

価値生産的変換活動

ラブロック（2002）は，サービスを「顧客にベネフィットを与える行為やパフォーマンス」とし，「望ましい変化をもたらすことで実現される」と述べた。そして「望ましい変化」をもたらす活動としてのサービスを取り上げている。

また，近藤（2012）は，「サービスとは，人，モノ，情報といった特定の対象に働きかける価値生産的な変換の活動である。」と述べた。そして「価値生産的な変換の活動」について，「顧客自身が生産システムにインプットされ，（中略）人，機械，装置，システムなどで構成される生産システムを通って，変換を受けてアウトプットとなる。」と変換活動をおこなう生産システムを取り上げている。

2　サービスの新定義

本書では，このような先行研究を基にした新たな定義を次に再掲する。

サービスとは，人・モノ・情報による付加価値生産を目的とした有用な変換機能

補足資料3　サービス・ドミナント・ロジック

1　サービス・ドミナント・ロジックにおける価値共創

　ここで，サービスの視点から価値共創を提唱する「サービス・ドミナント・ロジック」（Vargo. SL. and R.F. Lush. (2008)) を簡単に紹介したい。すべての経済活動はサービスであるとの考えに至る理論である。

　サービス・ドミナント・ロジックは，サービスの視点からものごとを見る考え方である。企業は，ナレッジやスキルといった"ソフト資源（オペラント資源）"を用いて，競争相手よりも優れた価値提案をするために，絶え間なく活動している。

　この"ソフト資源"は，金や機械といった"ハード資源"（オペランド資源）を活性化させる。そして，これらの資源をサービス・システムとして統合し，サービス提供する。そのとき，新しい資源の活用方法が，イノベーションの源泉となる。

　この資源の統合では，価値創造ネットワークが構築されるが，最終顧客も価値創造ネットワークの一員である。顧客は単にサービスの付加価値生産に参画するだけではない。顧客が購入した商品を活用することで，商品の付加価値を産出する。この活動で価値創造の活動に関わる。商品を使用しているとき，持ち歩いているとき，評判を他者に伝えるとき，価値創造に参画している。このような価値創造プロセスは，多様なネットワーク構造（コンフィギュレーション・ネットワーク）を創る。

　そして，バーゴとラッシュ は次のような見解を示している。いままでのモノを中心としたマーケティングの発想から脱皮すべきである。サービスの視点から価値共創のプロセスを通して，顧客が本質的に求めていることを把握すべきである。顧客の求めているものは，無形の資産である。企業と顧客の間で交換されているのは，「知識」や「技能」といった無形の資産である。有形の資

産の取引ばかりを強調するとこの大切な部分を見失ってしまう。

　企業が価値を提供し，顧客がその受け手であるという"顧客との関係の転換"が必要である。"顧客の使用過程，経験，文脈，実践の場こそが価値創造の現場である。""価値はそのプロセスで決定され，実現される。""企業は，価値創出の支援者であり，促進者である。"その意味で，顧客の側からすると，企業との関係は長期的・持続的であり，"企業と顧客は「共創者」である"。

2　サービス・ドミナント・ロジックにおける基本的前提

　以下は，バーゴとラッシュによって提唱されたサービス・ドミナント・ロジックを理解するうえで，重要な役割を果たす基本的前提（foundational premises：FP）である。

「FP1：サービスが，交換の基本的基盤である。」
　オペラント資源（ナレッジやスキル）を用いて，サービスはサービスと交換される。
「FP2：間接的交換は，交換の基本的基盤を隠してしまう。」
　財，貨幣，機関の複雑な組み合わせを通じてサービスが提供されるので，サービスが交換の基盤であることを覆い隠してしまう。
「FP3：財は，サービス提供の伝達手段である。」
　財が使用されることによって，（財の価値である）財が提供するサービスが引き出される。
「FP4：オペラント資源は，競争優位の基本的な源泉である。」
　望ましい変化を生み出すことができる相対的能力は，競争を促進する。
「FP5：すべての経済は，サービス（service）経済である。」
　あらゆる経済的交換の本質は，サービスの交換に還元される。
「FP6：顧客は常に価値の共創者である。」
　顧客は相互作用による価値創造に参加する。
「FP7：企業は価値を提供できず，価値提案しかできない。」

企業は，自社の資源を運用することができる。さらに相互作用的に価値を創造することができる。しかし，企業単独で価値を創造する，あるいは伝達することはできない。

「FP 8：サービス中心の考え方は，元来，顧客志向であり，関係的である。」

　サービスは顧客の意思決定に基づき，顧客志向の関係性において共創される。

「FP 9：すべての社会的行為者と経済的行為者が資源統合者である。」

　企業・顧客を含むすべての行為者は，自己の資源（ナレッジやスキル）を他者のそれと組み合わせる，あるいは交換するネットワークによって結合している。

「FP10：価値は受益者によって常に独自に現象論的に判断される。」

　価値は，各受益者により独自に，個別的，経験的，文脈依存的，意味内包的に判断される。

補足資料4　サービスの外部化

1　サービスの外部化の進展

1.1　サービスの市場化

　田中・野村（2008）は，以下のようにサービスが外部化することにより市場化するとしている。すなわち，潜在的な組織内部のサービスが外部化され，顕在化すると市場取引の対象となり，サービス業の代替機能は，企業側のみならず消費者としての個人に対しても発揮されてきたとしている。

　外部化され独立した専門事業者は，多数の顧客を相手にするので，大量供給によるコストダウンをはかることができる。また専門特化するので，より高度な専門サービスを提供できるようになる。そして市場化に伴う経済成長が，所得水準を上昇させ，さらに市場化を促進する。すなわちサービスの外部化において，①規模の経済性の発揮と②専門性の特化と③所得水準の上昇という，3つの外部化の要因がある（以下，「外部化の3要因」という）。

　現代社会において，サービス業の重要性は増大し，サービスの外部化と呼ばれる状況が生まれている。サービスは，モノが生産されてから消費される過程で付加される場合が多い。付帯サービスの部分が，独立した事業として営まれると，サービス業になる。その意味で，サービスはモノづくりと関係があり，生産的である。モノが生産されてから消費される過程で投じられるサービスが，分離独立したサービス業となる場合，そこには必ず合理的根拠がある。

　この分離独立する過程は，企業が内部にかかえていたサービスを，外部化する方法で顕在化する場合が多い。それは企業にとって，コスト節約と生産性向上につながる。またサービスの外部化は，家庭内でも起こる。そこではコスト節約が生じていると考えられる。

　サービスの外部化は，サービス業の重要性が高まったことを示す。これはモノづくりから，サービスへと加重がシフトしていることと関係している。これ

らサービスは，最終的なサービス需要に応ずるサービス提供だけでなく，なんらかの生産物をつくり出すためのインプットである場合も多い。サービスの外部化は，生産過程における原料などのモノのインプットに比べて，非モノ的インプットの増大にもあらわれる。労働投入において，モノの生産に直接関わる労働に比べて，サービスの投入割合が高まっていくこととの関係が深い。

そして，前述した外部化の3要因は，サービスの外部化において，人に対する生産システムにも深く関係してきたと考えられる。

外部化での合理性の追求により，このシステムが進化してきたと言えよう。すなわち，サービス・システムの効率化には，外部化による要因があると考えられる。

1.2　サービスの外部化とレストランの例

企業側の外部化では，次のような効果があった。外部化した企業内部の，合理化や組織のスリム化が急激に進み，労働生産性の向上がもたらされた。雇用形態では，パートタイマー化と人材派遣が進展した。その結果，労働時間の節約と，人件費のコストダウンがおこなわれた。また，外部化先の専門技術化を促進し，専門性を深化させた。専門技術の必要性は，さらなる社会分業化を拡大する。一方，消費者側においては，次のような効果があった。家庭内サービスが外部化され，主婦による家事労働も，多く外部化されている。

ここで田中・野村（2008）の理論をレストランの例で示していきたい。一般的な家庭で内生されていた家庭内の食事（以下，内食）が，レストランに外部化されてきた。内食は，主婦にとっての主要な家事労働である。その内食のための準備作業や，後片付け作業や，家内サービスなどが削減された。そして，家事労働が減少し，作業効率が高まるという効果がもたらされた。

この内食が，外食に外部化される頻度は高まり，外食は外部化先として急速に拡大した。家事労働が減少し，主婦の時間が創出されると，主婦の社会進出が進展した。そしてパートタイマー化という雇用形態が，急速に労働市場に浸透していった。

ファースト・フードやファミリーレストランチェーンなどの大手企業は，規模の経済性を発揮し，大量供給によるコストダウンをおこなった。その結果，低価格販売が可能となった。労働評価額で比較すると，消費者側が内食を外部化することにより，外食の方が内食よりも，低コストとなるまで合理化が進んだ。

　また，主婦が社会進出し，パートタイマー化することで，所得水準が上昇する。所得水準の上昇は，規模の経済性の発揮と専門性の特化に加えて，レストラン需要に拍車をかける。

　さらに大手企業は，チェーンオペレーション理論に基づき，専門技術化を促進して高度化した。そして専門性を発揮した店舗展開や，マニュアル化によるサービスと調理を，提供することが可能となった。すなわち，この外部化の3要因が重なり，内食の外部化が進展したと言えよう。

　このようにサービスの外部化においては，家庭という，組織内部のサービスの外部化の一端を，レストランが受け持っていると考えられる。ここで，家庭側が外部化したサービスを，受注し供給するのが，家庭向けのレストランである。すなわち，一般的なファミリー向けに開発されたサービスとして，家庭での団欒のサービスが外部化されている。例えば，日常的な外食でのレストランには，すかいらーく，デニーズ，ロイヤルホストなどのファミリー・レストランがある。また，家庭での非日常的な慶弔行事や接待のサービスが，外部化されてきた。すなわち，慶弔行事で旧来より発揮されてきた内食のサービスが，レストランに外部化されてきた。それに伴い，開催のための準備作業や，接客作業が同様に外部化された。そして，その非日常的なサービスも，内食から外食へと外部化が進んだと言えよう。このようなレストランには，高級料亭やディナー・レストランがあると考えられる。

　また，企業側が外部化したサービスを，受注し供給するのが，企業向けのレストランである。例えば，企業の昼休み時間帯に，いわゆるビジネスランチを提供するレストランは，社員食堂における，サービスの外部化の役割を果たしている。すなわちレストランにおける，サービスも，外部化により進展したと

考えられる。

　このように，この外部化の3要因は，生産性の上昇を伴い，経済合理性に合致している。サービスの外部化は，企業や家庭という組織内部のサービスが，外部化されることを意味する。それを受注する産業の一つが外食産業である。特に外食は，個人向けサービス業としてその機能を発揮し，これに合致してきたと考えられる。

　外部化は，小売業にもあてはまる。生産者による自主流通において，販売部門を独立させたり，他の専門家に外部化したりして，自立した小売業が生まれたと考えられる。外部化され独立した専門業者は多数の顧客を相手にするので，規模の経済性を発揮し，大量供給によるコストダウンを図ることができる。また専門性を深化させ特化するので，より高度な，質的水準の高い機能を発揮できるようになる。

　レストランには料理や飲物を販売する小売業的機能があり，これが接客に代表されるサービス業的機能と同時に発揮されている場合が多い。したがって，小売業的機能がレストランに外部化される場合，合理性が発揮されていると考えられる。

　また所得水準の上昇により，これが促進される。すなわち，外部化の3要因がある。

1.3 外部化の合理性

　前述のように，労働集約的なサービス業における，労働生産性は，比較的に低いままである。ここでは，外部化の3要因と労働生産性との関係について考察していきたい。

① 外部化による規模の経済性の発揮

　外部化され独立した専門事業者は，多数の顧客を相手にするので，大量供給によるコストダウンをはかることができる。すなわち，サービスの外部化には，規模の経済性が関与する。

　企業の内部化では，規模の逓増に従い，固定費割合（固定的人件費・機械設

備費）が縮小し，単位当りの機能発揮コストが逓減する。そして，サービスの機能が発揮される一定の限界量を超えると，追加投資の必要性から，このコストは上昇する。いわゆるU字型の平均費用曲線を描く。これに対し外部化の場合は，購入単価であり，個別の需要者にとっては，単位当りコストはほぼ一定単価と考えられる。

　すなわち**図表補4-1**のように，縦軸を単位当りの機能発揮コストである単位当りコストとし，横軸をその発揮量である量とした場合，Q1およびQ3の量を生産する場合，内部化するよりも，外部化した方がコスト安である。またQ2の量を生産する場合には，内部化の方がコスト安である。このようなサービスの外部化は，サービスの単位当りコストに関係が深い問題と言えよう。

　ここで再び田中・野村（2008）の理論をレストランの例で示していきたい。企業の場合と同様に，一般家庭がサービス購入を選択する主要な第一の理由は，外部化によるコスト低減効果である。一般的な家庭は，内部化コストよりも低いレストランへの外部化を選択する傾向が強まる。このレストランがコスト安となる背景には，規模の経済性が存在する。

▶ **図表補4-1**　内部化コストと外部化コスト

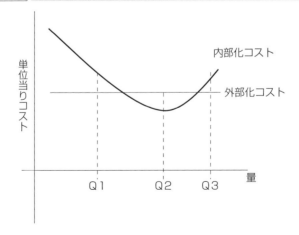

出所：筆者編集（田中・野村，2008, p.94）

レストランの接客スタッフは，家庭と比較し，多数の人にサービスを提供する。特に大手レストランチェーンでは，オペレーションの効率化を推進している。すなわち科学的に作業分析し，それをもとにマニュアルや設備を科学的に進化させ，そのシステムを整備することにより，作業効率を高めている。これによって，大手レストランチェーンの接客スタッフは，効率的な接客をすることができる。そして，時間当り多数の顧客に，均一で安定したサービスを提供することができる。

すなわち，物理的な作業のみを比較対象とした場合，一般的な家庭において，家族構成員が，他の家族構成員という人に対し，サービス提供する作業効率よりも，大手レストランチェーンが，顧客という人に対し，サービス提供する作業効率の方が高い。したがって，その規模の経済性を推し進めていると言えよう。

② **外部化による専門特化**

外部化され独立した専門事業者は，専門特化するので，より高度な専門サービスを提供できるようになる。

警備保障会社や，ビル管理会社や，清掃会社などは，いずれも以前は，製造業などの企業で内部化されていたサービスを外部化によって提供する専門事業者として成立した。それらは，内部化されていた状態と比較して，専門特化することにより，サービス技術の進歩，サービスの単位当りコストの削減を可能にした。

・セコム

例えば，セコムは，技術革新により専門特化した専門事業者として一般的である。従来は，企業内部の警備担当スタッフが，現場で警備していた。この，企業に内部化されていた警備業務を，その企業から請け負うことにより，外部化先として発展を遂げてきた。専門特化した高度な専門サービスを内部化するには，企業内のコストが膨大となり，技術開発も困難となる。すなわち，セコムは，外部化され独立した専門事業者として，専門特化し，より高度な専門サービスを提供していると言えよう。

・レストラン

　レストランにおけるサービスの外部化も，同様である。外部化され独立した専門事業者としてのレストランは，専門特化するので，より高度な専門サービスを提供できるようになった。

　レストランにおける，サービスの外部化は，社会活動における分業化現象の一つである。ここでは，社会的・文化的要素や，エンターテイメント性も，顧客需要の高付加価値化と共に提供されるようになった。そして慶弔行事や，セレモニーや，接待などにおける，レストランの専門特化の役割は，現在欠くことができない。一般の家庭行事において，本来は家庭で調理して食事をする内食という慣習が，現在はレストランに外部化されてきた傾向が強い。特にセレモニーにおける，スペシャリストによるサービスの機能の発揮は，重要な社会的役割を果たしている。

　一般家庭が，サービス購入を選択する理由であり，またレストランが，サービスにおいて専門特化した理由は，下記の様に考えられる。家庭では，人的・物的資源は限定されている。したがって，家庭内での接客能力の範囲を超える慶弔行事やセレモニーや，接待などの慣習は外部化される可能性が高いと言えよう。したがって，レストランは，このような家庭での人的能力不足の補完という社会的役割を果たしていると言えよう。

　次に，サービスは，生産と消費が同時であり，不可逆的である。したがって，一般家庭では，慶弔行事やセレモニーや接待などで，その場における接客に失敗したら，それを元には戻すことができない。したがって一般的な家庭には，サービスの失敗による不可逆的リスクを，回避する需要が存在する。ここで，レストランのスペシャリストのサービスは，その需要に対応することができる。なぜならば，そのサービスは専門特化されているので，家庭でのサービスよりも，失敗のリスクが低く安心だからである。すなわちレストランは，フェイル・セーフの役割を担い，外部化によるフェイル・リスクの回避の役割を果たしていると言えよう。

　レストランでは，専門特化したサービスの機能を発揮して，顧客相互コミュ

ニケーションを図る役割が求められる。そこでは，共同体の構成員として参加する顧客相互間で，および彼らとレストランとの間で，協同作業が必要となる。よってレストランはその需要に対し，専門特化した技術を用い，すなわち接客のプロとして，協働作業を円滑に推進する。したがって「顧客相互コミュニケーションの促進」の役割を担っていると考えられる。したがって，レストランはこれらの需要に対し，専門特化したサービスの機能を発揮し，社会的・文化的役割を果たしていると言えよう。

③ 外部化による所得水準の上昇

サービスの外部化により，サービスが，経済取引の対象としてクローズアップされた。そして，サービスの外部化が市場化し，その需要と供給が増大した。これに伴う経済成長が，所得水準を上昇させ，さらに市場化を促進する。すなわち，サービスの外部化において，所得水準の上昇という，外部化の合理的根拠がある。

田中・野村（2008）は，サービスの外部化による雇用増大が，社会全体の雇用増に果たした役割は大きく，特に主婦労働が外部化されたサービス業も，かなり多く含まれるとしている。これにしたがえば，ファースト・フードやファミリー・レストランなどの外食も，それにあてはまると考えられる。これらは既存の雇用を減少させること無く，新規の雇用をもたらした。

なぜならば，これらのサービスは，主婦労働に代替したものであり，主婦労働は最初から統計上の雇用に入っていないからである。したがって，まったくの新規の雇用創出である。企業向けサービス業の場合には，企業内の既存のサービスに代替し，全体として雇用節約効果があらわれるのに対し，家事労働に代替するサービス業は完全に新規雇用を創出する。そして新規雇用に支払われる賃金は，所得を増大させる。さらに経済成長と共に所得水準が上昇する。消費者側では所得水準（企業側では従業員の賃金水準）がサービスの内外部化に影響を与える。一般に所得が上昇すると，サービスへの支出が増える事象は，周知の経験法則となっている。

ここでサービスの内部化と外部化について，田中・野村（2008）は，次のよ

▶ 図表補4-2　所得水準上昇によるコスト評価の変化

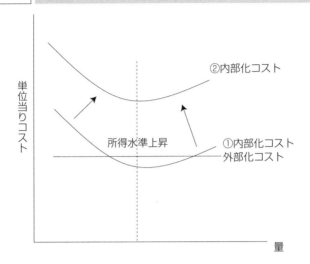

うに指摘している。所得が上昇すると，時間当りの労働評価額が上がる。そして内部化コストの中で，自分の労働投入の評価額が上昇する。すなわち内部化コストの曲線が，上方にシフトする。すると今まで内部化していたサービスを外部から購入した方が得となる。これを**図表補4-2**に示せば，内部化コストが①から②へ移行し，外部化コストを上回るようになる。「所得水準・賃金水準」が上がると，サービスの外部化が促進される。

以上の外部化の3要因が複合されて，現実のサービスの内部化，外部化の現象が起こっていると考えられる。

2　サービスの外部化と労働生産性との関係

外食ではファミリー・レストランによる，専門性の特化されたチェーン・オペレーションや，セントラル・キッチン方式などの技術導入と資本導入があった。ここでは規模の経済性が発揮され，低価格の外食提供が可能となった。またマニュアル化や規格の統一化によって，サービスの「質的水準」の向上と安定が図られた。さらに，賃金上昇に対応して，機械化が推進された。この企業

補足資料4　サービスの外部化

側の賃金上昇は，消費者側の所得水準の上昇となり，外食への外部化を促進してきたと言えよう。

　ここでは，一定レベルまでは労働生産性が向上したと考えられる。まず，家事労働の代替は，新たな需要と雇用の創出となり，所得水準の上昇をもたらした。すなわち，需要拡大にともなう，新規労働が，経済市場に投入されたことになる。

　次に，外部化の進展により，外部化の3要因が複合的に効果を発揮し，労働生産性の向上に貢献したと考えられる。

　しかし，第2章で述べたように，レストランの労働生産性は，製造業などと比較して依然として低い。これに対し，上述のセコムは，外部化されたサービス業として，高い労働生産性を上げており，レストランとの比較において，機械化のレベルが高い。レストランもセコムと同様にして，サービスを外部化されている。また，この外部化されたサービスを，効率を高めながら発揮し，労働生産性を高めていく必要性は高い。したがって，レストランの機械化の推進による，労働生産性の向上が有効であると考えられる。

補足資料5　サービス・システム設計

サービス・システム設計において，配膳ロボット（S-AGV）を用いた運搬システム[1]と，情報端末を用いた注文・顧客情報の管理システムを，用いたサービス・システム設計と，製造工程のシステム設計を双方合わせて示した（図表補5-1）。

レストラン・サービスでは，本来は人が携わるべき作業と，機械化に適した他の作業を分け，顧客満足を低下させることなく機械化することが，高付加価値の提供とオペレーションの効率化に必要である。

顧客と直接的に接するソフトな作業は，人的作業の必要性が高く，高付加価値の源泉となる。しかし，間接的にしか関与しない，あまり付加価値を生み出さないハードな作業がある。厨房と客席との間を往復し，飲食物を客席に配膳し，食べ終わった後の食器などを客席から厨房に返却するといった①納品，②引下，③回収（以下，運搬3作業）は人的作業である必要性が低い。この運搬3作業を代替する配膳ロボット（S-AGV）[2]をシステム要素として示した。

また，注文・顧客情報管理のシステム要素に，食器に組み込んだICチップを示した[3]。ICチップには走行経路や，目標地点のみならず，運搬の目的や，搭載品の情報を入力することができる。これを配膳ロボット（S-AGV）が認識し理解したうえで，運搬作業をおこなう。

このようなシステムは，レストラン以外のサービス・システム設計に応用することができる。例えば，医療現場における，入院患者の食事の運搬や，医薬品の運搬に活用することができる。このような運搬作業は，一般的に看護スタッフによりおこなわれている。しかし，人間と機械とで作業を分業化することができると考えられる。

同様に，ホテル内のルーム・サービスや，ベル・スタッフの作業にも応用することが可能である。またオフィス内の書類や備品類の運搬作業に応用することもできる。

補足資料5　サービス・システム設計

▶ 図表補5-1　レストランのサービス・システム設計図

出所：筆者作成

このような，人が携わるべき作業と機械による作業を分け，顧客満足を低下させずに機械化することによって，より高付加価値を生み出すシステム化が有効であると言えよう。また，そこから労働生産性向上の可能性が開けると考えられる。

　新規性のあるユニークなシステム設計をおこなうためには，そのシステム要素を，その設計目的に合わせて最適化することが，新たな付加価値を創造，または活動を効率化することにつながると言えよう。

[注]

[1] 阿部川勝義（2007）「レストランにおけるサービスの機械化-労働生産性向上のために-」，日本フードシステム学会，『フードシステム研究』，日本フードシステム学会第14巻2号，pp.4～15

[2] 阿部川勝義（2003）「自動配膳システム」，日本国特許（特許第3459392号）。誘導される配膳ロボット（S-AGV）が自走して，搭載された物を搬送する自動配膳システム。

[3] 阿部川勝義（2009）「配膳装置」，日本国特許（特許第4332207号）。注文された飲食物を複数のお客のテーブルに迅速かつ的確に載置する配膳装置。

▶ **図表補5-2**　**自動配膳システムのS-AGV本体図**

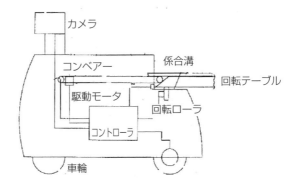

出所：筆者作成

補足資料5　サービス・システム設計

▶ 図表補5-3　運搬システムの構成図

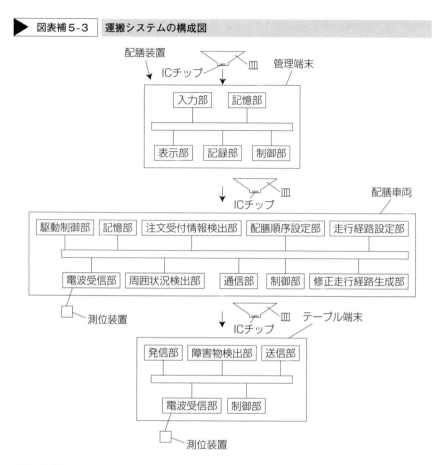

出所：筆者作成

おわりに

　レストランビジネスに長年にわたり携わってきた経緯から,「サービスとは何か」と日々の実務から考えてサービス・マネジメントを研究してきた。また,懐石料理店として世界初となる品質認証ISO9001を取得するなどしてサービス・システム設計をおこなってきた。慶應義塾大学ビジネススクール在学中は,「サービスとは何か」「サービスの労働生産性のはなぜ低いのか」との探求心を抱くようになり,サービスについて理論的に研究し始めた。この研究を早稲田大学大学院の博士課程で引き続き行った。このような実務と理論の両面からのサービス研究が,本書の背景にある。

　本書では,サービスの意味,特性,経済化の進展,経営戦略の策定,組織,マーケティング,イノベーション,経営システム設計について述べた。そのフレームワークには,ワークデザイン法がある。事業の目的を演繹的に上位概念に求め,そこから経営理念（目的）,経営戦略の策定,経営システム設計へと進んでいくことにより,事業の大きな柱を見失うことが無いように心掛けた。

　補足資料はやや専門的な内容としたが本書が,読者の研究や実務に役立ち,社会に貢献することができれば,幸いである。

謝辞

　早稲田大学の黒須誠治名誉教授には,本書の執筆全般において親身になってご指導いただき,深い感謝の意を表したい。同校の山根節教授には,多くの著書を参考にさせていただくとともに,本書の出版にご尽力いただき,心より感謝したい。慶應義塾大学ビジネススクールの同期生であり,株式会社CCDの藤野孝代表取締役には,多くのアドバイスをいただき,御礼申し上げたい。

参考・引用文献

Ansoff, H. I（1965）*Corporate strategy: business policy for growth and expansion,* Mcgraw-Hill

Bernard, C. I.（1938）*The Functions of Executives,* Harvard University Press.

Blois, K. J.（1974）*The Marketing of Service Approach,* European Marketing Journal,Vol.8 No. Summer.

Barney, J. B.（1991）*Firm Resources and Sustained Competitive Advantage,* Journal of Management, 17（1）.

Heskett, j., Sasser, E. and Schleinger.（1997）*The Service Profit Chain,* The New York Free Press.

Judd, R.C.（1964）*The Case for Redefining Services,* Journal of Marketing. Vol. January.

Kasper, H., P. Helsdingen. and W. Vries, Jr.（1999）*Services Marketing Management,* John Wiley & Sons, LTD.

Kotler, P., D.C.Jain. and S.Maesincee.（2013）*Marketing Moves,* Harvard Business School Press.

Looy, B.V., R. V. Direrdonck. and P. Gemmel.（1998）*Service Management An Integrated Approach,* Financial Times Professional Limited.

Lusch, R.F., S. L. Vargo. and G. Wessels.（2008）*Toward a Conceptual Foundation for Service Science：Contributions from Service Dominant Logic,* IBM Systems Journal 47（January-March), p.11.

Mintzberg, H.（1998）*Strategy Safari,* FT Prentice Hall.（齋藤嘉則監訳『戦略サファリ』，東洋経済新報社，2013年）

Nadler, G.（1981）*The Planning and Design Approach,* John Wiley & Sons. p.85

Nadler, G. and S, Hibino.（1998）*Breakthrough Thinking,* Prima Publishing & Communications.

Porter, M.E.（1980）*Competitive Strategy,* FREE PRESS.（土岐坤・中辻萬治・服部照夫訳『競争の戦略』，ダイヤモンド社，1982年）

Porter, M. E.（1985）*Competitive advantage: creating and sustaining superior performance*（土岐坤・中辻萬治・小野寺武夫訳『競争優位の戦略』，ダイヤモンド社，1985年）

Sasser, W.E., R.P. Olsen and D.D. Wyckof. (1978) *Management of Service Operations,* Allyn and Bacon.Inc.

Simon, H.A. (1947) *Administrative behavior: A study of decision-making processes in administrative organization,* Macmillan.

Vargo, S.L. and R. F. Lusch. (2008) *From Goods to Service（s）: Divergences and Convergences of Logics,* Industrial Marketing Management 37. P.257.

ウィリアム・ペティ (1955)『政治算術』大内兵衛・松川七郎訳，岩波書店

カール・アルブレヒト，ロン・ゼンケ (2003)『サービス・マネジメント』和田正春訳，ダイヤモンド社。

クリストファー・ラブロック，ローレン・ライト (2002)『サービス・マーケティング原理』小宮路雅博監訳；高畑泰，藤井大拙 訳，白桃書房。

コーリン・クラーク (1953)『経済進歩の諸条件』大川一司訳，勁草書房。

ジェフリー・A・ティモンズ (1997)『ベンチャー創造の理論と戦略』千本倖生・金井信次訳，ダイヤモンド社。

ジョセフ・E・スティグリッツ (2015)『世界に分断と対立を撒き散らす経済の罠』峯村利哉訳，徳間書店。

スティーブン・G・ブランク (2009)『アントレプレナーの教科書』堤孝志・渡邊哲訳，翔泳社。

セオドア・レビット (1971)『マーケティング発想法』土岐坤訳，ダイヤモンド社。

トニー・タビラ，マーク・J・エプスタイン，ロバート・シェルトン (2007)『イノベーション・マネジメント』スカイライトコンサルティング訳，英治出版。

バート・ヴァン・ローイ，ローランド・ヴァンディードンク，ポール・ゲンメル編 (2004)『サービス・マネジメント 統合的アプローチ下』白井義男監修，平林祥訳，ピアソン・エデュケーション。

ビル・マービン (1998)『レストランサービスの基礎』佐野恵子訳，柴田書店。

フィリップ・コトラー (2000)『コトラーの戦略的マーケティング』木村達也訳，ダイヤモンド社。

フィリップ・コトラー (2003)『コトラーのマーケティング・コンセプト』恩蔵直人

監訳，東洋経済新報社。

フィリップ・コトラー，フェルナンド・トリアス・デ・ベス（2011）『コトラーのイノベーション・マーケティング』櫻井祐子訳，翔泳社。

フランセス・フレイ，アン・モリス（2013）『ハーバード・ビジネススクールが教える顧客サービス戦略』池村千秋訳，日経BP社。

ベッツィ・サンダース（1997）『サービスが伝説になる時』和田正春訳，ダイヤモンド社。

ヘンリー・チェスブロウ（2012）『オープン・サービス・イノベーション』博報堂大学ヒューマンセンタード・オープンイノベーションラボ訳，阪急コミュニケーションズ。

マイケル・E・ポーター（1999）『競争戦略論Ｉ』竹内弘高訳，ダイヤモンド社。

マイケル・E・ポーター（2000）『日本の競争戦略』竹内弘高訳，ダイヤモンド社。

ヤン・カールソン（1990）『真実の瞬間』堤猶二訳，ダイヤモンド社。

リチャード・ドッブス，ジェームズ・マニーカ，ジョナサン・ウーツェル（2017）『マッキンゼーが予測する未来』吉良直人訳，ダイヤモンド社。

レオナルド・インギレアリー，ミカ・ソロモン（2015）『リッツ・カールトン超一流サービスの教科書』小川敏子訳，日本経済新聞出版社。

ロバート・D・オースチン，リチャード・L・ノーラン（2000）『IBMの企業再建』，HARVARD BUSINESS SCHOOL。

IBMビジネスコンサルティングサービス「ものコトづくり」企業革新セミナー講師グループ（2006）『ものコトづくり』日経BP社。

青木安輝（2006）『解決志向の実践マネジメント』河出書房新社。

赤岡功編（1995）『現代経営学を学ぶ人のために』世界思想社。

浅井慶三郎・清水滋編（1985）『サービス業のマーケティング』同文館出版。

阿部川勝義（2007）「レストランにおけるサービスの機械化―労働生産性向上のために―」，日本フードシステム学会，『フードシステム研究』，日本フードシステム学会第14巻2号，pp. 4～15

阿部川勝義（2003）「自動配膳システム」，日本国特許（特許第3459392号）。誘導される配膳ロボット（S-AGV）が自走して，搭載された物を搬送する自動配膳システム。

阿部川勝義（2009）「配膳装置」，日本国特許（特許4332207号）。注文された飲食物

を複数のお客のテーブルに迅速かつ的確に載置する配膳装置。

渥美俊一（2008）『チェーンストア組織の基本』ダイヤモンド・フリードマン社。

安積敏政（2011）『サービス産業のアジア成長戦略』日刊工業新聞社。

網倉久永・新宅純二郎（2011）『経営戦略入門』日本経済新聞出版社。

飯盛信男（2004）『サービス産業』新日本出版社。

飯盛信男（2014）『日本経済の再生とサービス産業』青木書店。

五百井清右衛門・平野雅章・黒須誠治（1997）『システム思考とシステム技術』白桃書房。

伊丹敬之（2012）『経営戦略の論理 第4版』日本経済新聞出版社。

伊藤宗彦・髙室裕史編著（2010）『1からのサービス経営』碩学舎。

伊藤元重・伊藤研究室（1998）『日本のサービス価格はどう決まるのか：サービス料金の経済学』NTT出版。

井上崇通・村松 潤一（2010）『サービス・ドミナント・ロジック』同文舘出版。

井原哲夫（1979）『サービス経済学入門』東洋経済新報社。

井原哲夫（1992）『サービス・エコノミー』東洋経済新報社。

井原哲夫（1998）『生活の経済学』東洋経済新報社。

井原哲夫（2006）『見栄の商品学：ああ，ほめられたい』日経BP社。

今枝昌宏（2010）『サービスの経営学』東洋経済新報社。

上野恭裕・馬場大治編著（2016）『経営管理論（ベーシック＋）』中央経済社。

浦川卓也（2010）『イノベーションを目指す実践研究開発マネジメント』日刊工業新聞社。

長内厚・榊原清則編（2012）『アフターマーケット戦略』白桃書房。

加藤善治郎（2003）『セコム創る・育てる・また創る』東洋経済新報社。

神奈川科学技術アカデミー　光触媒ミュージアム 編，西本俊介・中田一弥・野村知生著，藤嶋昭・村上武利監修／著（2008）『絵でみる光触媒ビジネスのしくみ』日本能率協会マネジメントセンター。

川島蓉子（2010）『モノ・コトづくりのデザイン』日本経済新聞出版社。

木村吾郎（1981）『現代日本のサービス業』新評論。

金振晩（2013）『戦略的ホテル経営』学文社。

熊谷尚夫・篠原三代平編（1980）『経済学大辞典』東洋経済新報社。

黒須誠治（1993）「ワークデザインのインプットとキャタリスト」『日本経営工学会誌』44（4），pp. 338-345。

黒須誠治（2014）「新サービスビジネス開発のためのサービス技術表現方法―新サービスの案を考えだすための一方法―」『早稲田国際経営研究』早稲田大学WBS研究センターNo.45，pp.53-60。

黒須誠治（2015）「デザインと設計の異同―感性によるデザイン・機能設計・社会システム設計の方法論―」『早稲田国際経営研究』早稲田大学WBS研究センターNo.46，pp.1-13。

黒須誠治（2016）『システムデザイン思考法（ワークデザイン法）』（早稲田大学講義ノート），pp.54-290。

黒崎誠（2015）『世界に冠たる中小企業』講談社。

グロービス経営大学院編（2010）『グロービスMBA事業開発マネジメント』ダイヤモンド社。

グロービス経営大学院編（2017）『新版 グロービスMBA経営戦略』ダイヤモンド社。

グロービズ・マネジメントインスティテュート編（1999）『MBA経営戦略』ダイヤモンド社。

小林好宏（1999）『サービス経済社会：ソフト化がもたらす構造変化』中央経済社。

小宮路雅博（2012）『サービス・マーケティング』創成社。

小山周三（2005）『サービス経営戦略』NTT出版。

近藤隆雄（1999）『サービス・マーケティング』生産性出版。

近藤隆雄（2004）『サービス・マネジメント入門：商品としてのサービスと価値づくり』生産性出版。

近藤隆雄（2007）『サービス・マネジメント入門：ものづくりから価値づくりの視点へ』生産性出版。

近藤隆雄（2012）『サービス・イノベーションの理論と方法』生産性出版。

近能善範・高井文子（2010）『コア・テキスト イノベーション・マネジメント』新世社。

サービス産業生産性協議会（2009）『サービス・イノベーション：サービス産業生産性協議会 平成20年度活動報告書』生産性出版。

坂根正弘（2006）『限りないダントツ経営への挑戦』日科技連出版社。

塩次喜代明・小林敏男・高橋伸夫（2009）『経営管理 新版』有斐閣。

椎野潤（2005）『生きている地球と共生する建設生産』日刊建設工業新聞社。

清水滋（1978）『サービスの話 新版』日本経済新聞社。

白井義男（1999）『レジャー産業のサービス・マネジメント』同友館。

新川義弘（2006）『愛されるサービス』かんき出版。

鈴木貴博（2013）『戦略思考トレーニング』日本経済新聞出版社。

関口昌孝（2004）『激走！光触媒ビジネス』日刊工業新聞社。

DIAMONDハーバード・ビジネス・レビュー編集部編訳（2005）『いかに「サービス」を収益化するか』ダイヤモンド社。

高木芳徳（2014）『トリーズ（TRIZ）の発明原理40』ディスカヴァー・トゥエンティワン。

高橋安弘（2004）『サービス品質革命』ダイヤモンド社。

高橋勝浩（2005）『ソリューション営業の基本戦略』ダイヤモンド社。

田中滋（1993）『医療政策とヘルスエコノミクス』日本評論社。

田中滋監修・野村清（2008）『サービス産業の発想と戦略』ランダムハウス講談社。

田辺英蔵（1987）『サービスの法則―日本人はサービスに何を求めるか―』ダイヤモンド社。

田辺英蔵（1996）『サービスの本質―対人接触の神髄を知る―』ダイヤモンド社。

寺本義也・岩崎尚人編（2012）『新経営戦略論』学文社。

東北大学経営学グループ（2008）『ケースに学ぶ経営学 新版』有斐閣。

垰田博史（2002）『光触媒の本：トコトンやさしい』日刊工業新聞社。

徳江順一郎（2013）『ホテル経営概論』同文舘出版。

内藤耕（2010）『実例でよくわかる！サービス産業生産性向上入門』日刊工業新聞社。

中沢孝夫（2014）『中小企業の底力』筑摩書房。

中沢康彦（2010）『星野リゾートの教科書』日経BP社。

西村仁志編（2014）『ソーシャル・イノベーションが拓く世界』法律文化社。

日本経済調査協議会（2002）『サービス産業におけるイノベーションと生産性』日経調資料。

日本コンサルタントグループフードサービス＆ホテル研究室（2006）『実践ホスピタリティ・サービス』日本コンサルタントグループ。

日本総合研究所経営戦略研究会（2008）『経営戦略の基本』日本実業出版社。

日本フードサービス学会情報委員会監修（2004）『フードサービス業における情報化戦略とテクノロジー』中央経済社。

日本フードサービス学会編（2015）『現代フードサービス論』創成社。

根来龍之（2014）『事業創造のロジック』日経BP社。

野中郁次郎（1994）『経営管理』日本経済新聞社。

野中郁次郎・山下義通・佐久間陽一郎・小久保厚郎（1997）『イノベーション・カンパニー』ダイヤモンド社。
野中郁次郎・廣瀬文乃・平田透（2014）『実践ソーシャルイノベーション』千倉書房。
野村清（1983）『サービス産業の発想と戦略──モノからサービス経済へ』電通。
野村総合研究所サービス産業生産性革新プロジェクトチーム（2010）『2015年のサービス産業 稀少モデルから豊富モデルへの大転換』東洋経済新報社。
羽田昇史編（2002）『サービス産業経営論』税務経理協会。
波頭亮（1999）『組織設計概論』産能大学出版部。
波頭亮（2013）『経営戦略論入門』PHP研究所。
服部勝人（2004）『ホスピタリティー学原論』内外出版。
原田保編（2008）『日本企業のサービス戦略』中央経済社。
一橋大学イノベーション研究センター編（2001）『イノベーション・マネジメント入門』日本経済新聞社。
日比野創・日比野省三（2004）『ブレイクスルー思考のすすめ』丸善。
北城恪太郎・大歳卓麻（2006）『IBMお客さまの成功に全力を尽くす経営』ダイヤモンド社。
北城恪太郎監修（2009）『顧客はサービスを買っている』ダイヤモンド社。
前野隆司（2014）『システム×デザイン思考で世界を変える』日経BP社。
三品和広・三品ゼミ（2013）『リ・インベンション』東洋経済新報社。
水口健次（1991）『マーケティング戦略の実際 2版』日本経済新聞社。
南方建明・酒井理（2006）『サービス産業の構造とマーケティング』中央経済社。
南方建明・宮城博文・酒井理（2015）『サービス業のマーケティング戦略』中央経済社。
南知恵子・西岡健一（2014）『サービス・イノベーション』有斐閣。
宮崎哲也（2009）『コトラーの「マーケティング」実践ワークブック』秀和システム。
森川正之（2016）『サービス立国論』日本経済新聞出版社。
谷地弘安（2012）『「コト発想」からの価値づくり』千倉書房。
横浜国立大学経営研究グループ（1993）『現代経営学への招待』有斐閣。
横山徹（1974）「日本のサービス産業」『三田学会雑誌』67巻10号。
吉田邦夫・山本秀男編（2014）『実践プログラムマネジメント：イノベーションを確実に遂行する』日刊工業新聞社。
吉谷竜一（1972）「ワークデザイン応用のための提案」『生産研究所紀要』No.26,

pp.1-13。
山口高弘（2015）『アイデア・メーカー』東洋経済新報社。
山根節・根来龍之（1993）『日経ビジネスで学ぶ経営戦略の考え方』日本経済新聞社。
山根節（2003）『戦略と組織を考える』中央経済社。
山根節・山田英夫（2004）『日経で学ぶ経営戦略の考え方』日本経済新聞社。
山根節（2015）『MBAエグゼクティブス』中央経済社。
山根節（2016）『なぜあの経営者はすごいのか―数字で読み解くトップの手腕』ダイヤモンド社。
山本昭二（2007）『サービス・マーケティング入門』日本経済新聞出版社。
渡辺幸男・小川正博・黒瀬直宏・向山雅夫（2013）『21世紀中小企業論』有斐閣。
和田充夫・菅野佐織・徳山美津恵・長尾雅信・若林宏保（2009）『地域ブランド・マネジメント』有斐閣。

日本経済新聞2016年11月7日〜21日朝刊「やさしい経済学　プラットフォームと企業戦略」国領二郎
日経産業新聞2017年2月6日電子版「記者の目　電子版」
日本経済新聞2017年5月26日朝刊「ニュースな科学」

索　引

事項索引

●あ行

IHIP ……………………………………… 5, 85
アメーバ組織 …………………………… 58
安全欲求 ………………………………… 68
育成・人事 …………………………… 124
異時性化 …………………………… 87, 90
異質性 ……………………………… 5, 6, 85
インセンティブ …………………… 61, 124
AIモジュール化治療 ………………… 135
遠隔医療 ……………………………… 133
エンパワーメント ………………… 63, 124
オペラント資源 ……………………… 147
オペランド資源 ……………………… 147

●か行

外部環境 ………………………………… 38
価値連鎖（Value Chain） ……………… 55
機能別戦略 ………………………… 38, 54
規模の経済性 ……………………… 27, 33
狭義のサービス業 ……………………… 15
競争戦略 ………………………………… 38
空間提供業 ……………………………… 34
経営環境分析 …………………………… 38
経営システム設計 …………………… 119
経営戦略 ………………………………… 37
経営目標 ……………………………… 124
経営理念（目的） ………………… 37, 38
計画・予算 …………………………… 124

顕在サービス・シーズ ………………… 96
コアニーズ ……………………… ii, iii, 84
広義のサービス業 ……………………… 15
工程の時間的・空間的移動分離の不可能性
 ……………………………………………… 8
コストリーダーシップ戦略 …………… 51
コムトラックス ………………………… 53
コントロール ………………………… 124

●さ行

サービス・イノベーション ……… iv, 101
サービス・システム設計 ……………… iv
サービス・ドミナント・ロジック … iv, 79, 147, 148
サービス・ニーズ起点発想 …………… 79
サービス・プロフィットチェーン …… 60
サービス経済化社会 …………………… 15
サービスの外部化 ……………………… iv
サービスの機能 ………………………… 3
サービスの定義 ………………………… 1
サービス業における労働生産性の阻害要因
 ……………………………………………… 24
サービス業の特質 ……………………… 22
サービス業の労働集約性 ……………… 22
在庫変動による供給調整の不可能性 … 10
差別化戦略 ……………………………… 51
残存性化 ………………………………… 92
時間・空間の特定性 …………………… 7
時間・空間の非特定性化 …………… 87, 90

時間と空間の同時性	104
事業戦略	38
事業領域（ドメイン）	38
自己実現欲求	68
システム・イノベーション	102
システム設計	115
社会的欲求	68
集中戦略	51
需要の時間的・量的偏在	25
需要の偏在性におけるサービス供給	10
需要の偏在性における需要調整	11
消滅性	5, 9, 85
自律的組織行動による活性化システム	75
SWOT	39
スマイルカーブ	40
生産・販売・消費の同時進行性	8
生理的欲求	68
セクショナリズム	58
潜在サービス・シーズ	96
潜在サービス・ニーズ	81
組織構造	124
組織文化	124
ソリューション	53
尊厳欲求	68

● た 行

ダーウィンの進化論	131
第三次産業	iii, 15, 16, 19
第四次産業革命	102
チェンジ・マネジメント	59
貯蔵不可能性	9
同時性	5, 7, 85
同質性化	89

● な 行

内食	32
内部環境	39
中食	32
二重価格制	12
ニッパチの法則	74
ネットワーク経営	104

● は 行

配膳ロボット	160
バリュー・シフトアップ（Value Shift Up）	iv, 85
範囲の経済性	34
非自存性	7
評価と動機付け	124
4P分析	97
付加価値生産	125
不可逆的リスク	156
プライス	98
プラットフォーム経営	106
Plan-Do-Check-Action	56, 124
VRIO	57
プレイス	98
プロセス・イノベーション	101
プロダクト	98
プロダクト・イノベーション	101
プロモーション	99
ペティ＝クラークの法則	16
ホスピタリティー	139

● ま 行

マーケット・イノベーション	101
マテリアル・イノベーション	102
マネジメント・システム	123
無形性	5, 6, 85
目的展開法	112
目的表現	114

● や 行

有形化（可視化）	86

欲求階層説 …………………… 59, 68

●ら行

リーダーシップ ………………… 124
理想システム設計 ……………… 118

労働生産性 ……………………… 19

●わ行

ワークデザイン法 ……………… 111

人名・企業名索引

●あ行

IBM ……………………………… 41
浅井慶三郎 ……………………… 3
阿部川勝義 …………………… 162
アマゾン ……………………… 102
アンゾフ（Ansoff, I.）………… 49
井原哲夫 ……………………… 146
ウーバー ……………………… 102
ウェイモ ………………… 102, 106

●か行

木村吾郎 ……………………… 145
キャタピラー …………………… 98
QBハウス ……………………… 102
京セラ ………………………… 58
グーグル ……………………… 102
クラーク（Clark, C. G.）…… 16, 145
黒須誠治 ……………………… 165
コトラー（Kotler, P.）………… ii
コマツ（小松製作所）…… 41, 52, 102, 107
近藤隆雄 ……………………… 146

●さ行

サイモン（Simon, H.A.）……… 62
サッサー（Sasser, W.E.）…… 144
清水滋 …………………………… 3

ジャッド（Judd, R.C.）……… 144
セコム ………………… 102, 107, 155

●た行

田中滋 ………… 5, 142, 150, 151, 154, 157
TOSEI …………………………… 47

●な行

ナドラー（Nadler, G.）……… 111
野村清 ………… 5, 142, 150, 151, 154, 157

●は行

バーゴ（Vargo, S.L.）……… 79, 147
バーナード（Bernard, C. I.）… 57, 62
バーニー（Barney, J. B.）…… 57, 59
服部勝人 …………………… 3, 139
パナソニック …………………… 58
藤野孝代 ……………………… 165
ブロワ（Blois, K. J.）………… 143
ヘスケット（Heskett, J.S.）… 60
ポーター（Porter, M.E.）…… 51, 55
星野リゾート ………………… 64

●ま行

マズロー（Maslow, A. H.）… 59, 68
マッカーシー（McCarthy, E. J.）…… 97

●や行

ヤフー ································· 102
ヤマト運輸 ······················ 102, 104
山根節 ······················ 38, 61, 64, 165
横山徹 ································· 143

●ら行

ラッシュ（Lusch, R.F）················ 79, 147
ラブロック（Lovelock, C. H.）········ 81, 146
レビット（Levitt, T.）····························ii

【著者紹介】

阿部川　勝義（あべかわ　かつよし）

早稲田大学招聘研究員。
株式会社　阿部浅　代表取締役。
レストランビジネスで創業し，現在医療モールや商業施設の開発・管理をおこなう。
慶應義塾大学大学院経営管理研究科修士課程修了（MBA）。早稲田大学大学院アジア太平洋研究科博士後期課程修了。博士（学術）。
福井大学，早稲田大学講師を歴任。
専門は経営管理論，サービス・マネジメント，システム・デザイン。

サービス経営のバリュー・シフトアップ
サービス特性の変換による価値向上戦略

2018年9月10日　第1版第1刷発行

著　者　阿　部　川　勝　義
発行者　山　本　　　継
発行所　㈱中央経済社
発売元　㈱中央経済グループ
　　　　パブリッシング

〒101-0051　東京都千代田区神田神保町1-31-2
電話　03 (3293) 3371 (編集代表)
　　　03 (3293) 3381 (営業代表)
http://www.chuokeizai.co.jp/
印刷／㈱堀内印刷所
製本／誠　製　本㈱

Ⓒ 2018
Printed in Japan

＊頁の「欠落」や「順序違い」などがありましたらお取り替えいたしますので発売元までご送付ください。（送料小社負担）

ISBN978-4-502-27401-5　C3034

JCOPY〈出版者著作権管理機構委託出版物〉本書を無断で複写複製（コピー）することは，著作権法上の例外を除き，禁じられています。本書をコピーされる場合は事前に出版者著作権管理機構（JCOPY）の許諾を受けてください。
　JCOPY〈http://www.jcopy.or.jp　eメール：info@jcopy.or.jp　電話：03-3513-6969〉

一般社団法人　　　　　特定非営利活動法人
日本経営協会[監修]　　経営能力開発センター[編]

経営学検定試験公式テキスト

経営学検定試験（呼称：マネジメント検定）とは，
経営に関する知識と能力を判定する唯一の全国レベルの検定試験です。

① 経営学の基本
（初級受験用）

② マネジメント
（中級受験用）

③ 人的資源管理/
経営法務
（中級受験用）

④ マーケティング/
IT経営
（中級受験用）

⑤ 経営財務
（中級受験用）

中央経済社